# 你以为你是谁？
## 像哲学家一样思考

**Think Like a Philosopher:
Get to Grips with Reasoning and Ethics**

〔英〕安妮·鲁尼（Anne Rooney） 著

李尉博 译

中国出版集团
中译出版社

## 图书在版编目（CIP）数据

你以为你是谁？：像哲学家一样思考 /（英）安妮·鲁尼（Anne Rooney）著；李尉博译 . —北京：中译出版社，2022.2

书名原文：Think Like a Philosopher

ISBN 978-7-5001-6949-9

Ⅰ. ①你… Ⅱ. ①安… ②李… Ⅲ. ①哲学－通俗读物 Ⅳ. ①B-49

中国版本图书馆 CIP 数据核字（2022）第 017825 号

---

Think Like a Philosopher: Get to Grips with Reasoning and Ethics
by Anne Rooney
Copyright © Arcturus Holdings Limited
www.arcturuspublishing.com
The simplified Chinese translation copyright © 2022 by China Translation and Publish House
ALL RIGHTS RESERVED

版权登记号：01-2021-7237

---

| | |
|---|---|
| 出版发行 | 中译出版社 |
| 地　　址 | 北京市西城区新街口外大街 28 号普天德胜大厦主楼 4 层 |
| 电　　话 | （010）68359373，68359827（发行部）68357328（编辑部） |
| 邮　　编 | 100088 |
| 电子邮箱 | book@ctph.com.cn |
| 网　　址 | http://www.ctph.com.cn |
| 出版人 | 乔卫兵 |
| 策划编辑 | 李坤 |
| 责任编辑 | 郭宇佳　李　坤 |
| 文字编辑 | 李　坤　张　巨　马雨晨 |
| 封面视觉 | 张梦凯 |
| 封面设计 | 潘　峰 |
| 排　　版 | 北京竹页文化传媒有限公司 |
| 印　　刷 | 山东临沂新华印刷物流集团有限责任公司 |
| 经　　销 | 新华书店 |
| 规　　格 | 787 毫米 ×1092 毫米　1/32 |
| 印　　张 | 10 |
| 字　　数 | 153 千字 |
| 版　　次 | 2022 年 2 月第一版 |
| 印　　次 | 2022 年 2 月第一次 |

---

ISBN 978-7-5001-6949-9　定价：59.00 元

版权所有　侵权必究

中 译 出 版 社

前言

# 哲学何为？

有人认为，哲学是一门象牙塔里的学问，对现实世界毫无用处。他们大错特错了。哲学存在于我们所做的每一个重要决定的背后，影响着我们生活的方方面面。

我们的法律和对宗教文本的解释都是从哲学思想而来。我们如何对待罪犯，如何建设学校，是否应该安装摄像头，我们的食品中是否应该含有转基因成分，我们应付多少税，网络上是否应当有色情内容以及我们是否可以进行器官移植等，这些都是哲学问题。

对伦理、政治与形而上学问题的思考不仅是一种享受，也可以赋予人力量。如果你想在现代生活的关键问题上形成见解，这种思考必不可少。

哲学将帮助你澄清你的想法以及这些想法产生的原因，使你成为你相信自己应该成为的那种人。这不是说要实现你的雄心壮志，比如成为电影明星或宇航员，而是要知道什么对你来说是重要的，并且按照你自己的标准和优先级来生活。没有什么目标能比这更重要、更令人满意了，没有什么工作能比育人更有意义了，也没有哪里是比你自己和你自己的大脑更好的出发点了。

# 问题有很多——它们都是有答案的吗?

如果我们想知道两座山中哪一座更高,我们可以测量它们并比较结果。如果我们的测量是准确的,就会得出一个明确的答案。

但哲学不是这样的。如果你认为上帝存在,我认为上帝不存在,我们都可以阐述我们各自持有的理由,但客观的观察者不可能确定谁是对的。

我们没有办法找到一个普遍"正确"的答案,比如堕胎是否道德,或者民主制是否是最合理的政府形式。

哲学中没有类似于测量山脉的卷尺之类的东西,那我们应该如何检验自己的想法呢?我们可以通过理性讨论,在两个或两个以上相互冲突的观点中找出哪一个更可取。为了取得哪怕一点进步,你都必须抱有开放的心态并满怀学习的欲求来到哲学面前,以改变观点、深化理解。最后你可能发现你仍然持有原先的观点,但它们的基础将会更强,因为它们将植根于理性并获得证据支撑。

哲学家们常常有酒瘾、咖啡瘾和烟瘾,并为生命的意义感到焦虑。

"我真正缺少的东西,就是要在我内心里弄清楚:我到底要做什么事情?问题在于,要找到一个对我来说'确实的'真理,找到一个我能够为此而生、为此而死的信念。"

——索伦·克尔凯郭尔(Søren Kierkegaard)

## 意见 vs 真理

由于没有明确的、外在的证据,有些人倾向于将哲学问题仅仅视为"意见"。但是一个问题缺乏"正确"答案并不意味着它就成了关于意见的问题。相反,哲学包括提出命题,通过逻辑与理性论证来探究、捍卫它们,驳斥反命题并努力找出可能的最佳答案。

这些答案也可能会被别的观点推翻——就像一个物理学理论可能会被另一个更好的理论取代一样。在物理学中,说一个理论更好就是说它更能与所观察到的现象相符,并能够做出准确的预测。说一个哲学理念是可靠的,就是说它必须是一致的,没有内在矛盾,兼容并包;此外,在多数情况下,它还应该是具有普适性的。

## 真理存在吗?

如果我们不能确凿地证明一个哲学命题是真理,是否意味着我们就不能说有哲学真理存在?这是哲学家们曾提出的一个问题,而且正如你所料,他们给出了不同的答案。

几乎没有哪个哲学家会认为,在战争时期屠杀无辜平民是正当的。从现代人的视角来看,奥匈帝国军队在第一次世界大战期间对塞尔维亚人的草率杀戮显然是一种战争罪行

这个问题并不仅限于哲学。其他学科,包括物理学,也会提出这样的问题。我们在物理学中的发现真的是对客观真理的发现,还是仅仅是一种我们观察世界时的方便表达?真理可能就"在某处",但我们不能确定。

# "杀人是错的"

和科学一样,哲学也试图趋近真理。以"杀人是错的"这一命题为例,我们很快就能想到,在某些情况下,有人可能并不认为杀人是错的——例如,一个身患绝症的人请求别人将他从痛苦中解脱出来。这就使得这个命题不再普遍适用了,所以它需要调整。我们可以将它修正为"违背他人意愿而将其杀害是错的"。同样,我们仍然可能会提出反对意见:那战争呢?执行死刑呢?有人会认为最先给出的命题是正确的,且可以给出论据来支持自己的观点。但其他人可能会再次对命题进行修改,也许会将其改为"在和平时期违背无辜的人的意愿而将其杀害是错的"。

通过这种审视与重述的过程,哲学试图提出一些规则与信念,有了这些规则与信念,我们才可以生活,可以建设社会并与自然世界建立切实的联系。或许在这个过程中,哲学也会发现一些真理。

## 危险——工作中的哲学家

　　古希腊哲学家苏格拉底（Socrates）在雅典四处漫步，教授哲学。他与贵族青年的频繁辩论惹怒了城邦当局，因为当局认为他让青年人变得爱惹麻烦、爱争论，已经超过了必要限度。苏格拉底最终遭到审判，罪名是败坏青年和不敬神灵。法庭给了苏格拉底缓刑的机会，条件是他放弃哲学。但他拒绝了，这让法官大为恼火。公元前399年，他被判处死刑并在朋友们的围绕中饮鸩自杀。他被认为是西方哲学的鼻祖。

　　长期以来，哲学家们都面临着被迫害的风险。极权政府常常反对国内的知识分子，因为知识分子可能会鼓动民众质疑当局。同样的矛头也在2 500年前指向了苏格拉底。不思考的人管理起来容易，压迫起来也容易。在蒙昧的国家看来，哲学家在智识方面起到的作用堪比军火贩子。

# 目 录

第 1 章　你知道怎样思考吗？　1
　　　　　进行哲学思考的最佳方式是什么？

第 2 章　"实在"是什么意思？　13
　　　　　假如有一棵树在森林里倒下并且没有人听见，那它有没有发出声音？

第 3 章　你知道什么？　29
　　　　　你是怎么知道的？你能确定什么？

第 4 章　什么时候饼干不是饼干？　41
　　　　　我们是如何给万事万物分类，又是怎么知道我们得出的结果是有真实依据的？

第 5 章　茶还是咖啡？　51
　　　　　你成为现在的你是出于自己的选择，还是有关你的存在的一切都是命中注定？

第 6 章　机器里的幽灵？　65
你的哪一部分是真正的"你"？

第 7 章　你以为你是谁？　73
你是由基因定义的，还是由工作定义的？有没有哪个稳定的事物能说明你的自我同一性？

第 8 章　坏事会发生——但为什么呢？　81
为什么生活充满了悲伤与痛苦？是因为宇宙神秘莫测，还是仅仅因为它对万物都漠然视之？

第 9 章　一报还一报——果真如此吗？　91
好（或坏）是否会回馈给那些做好事（或坏事）的人？

第 10 章　买一部新的 iPhone 会让你幸福吗？　99
幸福体现在消费中吗？真正的幸福可能吗？

第 11 章　你想长生不老吗？　111
我们一生都想远离死亡，但永生会不会是一个更糟糕的选择？

第 12 章　信不信上帝是你能选择的吗？　119
是你选择了信仰，还是信仰选择了你？如果信仰不是一种选择，我们为什么还会因信仰而被奖赏？

第 13 章　狗有灵魂吗？　127
　　　　　你是否曾在盯着狗的双眼时觉得它肯定有灵魂？

第 14 章　你能说出自己所想，而且所说皆为
　　　　　所想吗？　135
　　　　　语言有多可靠？

第 15 章　怎样做出正确的决定？　147
　　　　　哲学的实际应用在于决定如何行动。

第 16 章　我们该不该烧死女巫？　161
　　　　　对错是绝对的，还是视时代和环境而定？

第 17 章　"我不是故意的"这句话有用吗？　177
　　　　　是否应该同时根据行为的意图与结果来评价一个人？

第 18 章　在爱情与战争中，怎样做都可以吗？　189
　　　　　"目的正当，手段也就正当"，这种为自己所犯错误的辩护是正确的，还是一种为专横暴行开脱的借口？

第 19 章　完美社会是否可能？　199
　　　　　穷人会一直存在吗？我们能否创造一个对所有人都公平的世界？

第 20 章　人人生而平等吗？　211
我们可能都认可平等的理念，但有多少人真的在提倡平等？

第 21 章　该不该杀一人而利天下？　223
如何权衡个人权利与集体权利？

第 22 章　如何定义有美德的生活？　231
是否可能做到一直"以己所欲施于人"？

第 23 章　机器能自己思考吗？　239
人工智能的局限是什么？

第 24 章　我们被监视了吗？　255
政府声称监控可以保护我们，但我们的隐私要付出怎样的代价？

第 25 章　该不该打破现状？　269
反抗有管用的时候吗？

第 26 章　给予总比接受好吗？　283
每样礼物都有一个给予者和一个接受者，其中一方总比另一方好吗？

第 27 章　生存，还是毁灭？　291
这是一个问题吗？

（没有结束的）结束语　303

# 第1章 你知道怎样思考吗?

进行哲学思考的最佳方式是什么?

# 追问一切

受过训练的思维不会将任何事物视为理所当然。在上一章中我们谈到，一个看似简单的问题——两座山中哪一座更高？——需要更明确的定义才能回答。在哲学中，所有的问题与词项都必须经过检查与定义，才能肯定地给出回答。

> 哲学是一种训练，你必须训练你的思想。它不只是空想而已。而训练你的思想是很难的。
>
> 蒂姆·克兰（Tim Crane），剑桥大学骑士桥哲学教授

我们用来做哲学的工具是逻辑与理性，基于它们而产生的观点必须用语言来表达。这就意味着语言本身要受到审视。在20世纪的哲学著作中，有相当一部分是在研究语言的基础及其可靠性。

当你开始研究哲学的时候，你会觉得一切都在不断变化，问题在你面前成倍地增长。它或令人振奋，或令人害怕，或兼而有之。如果你喜欢确定性，哲学可能不适合你；但如果你喜欢"精神体操"，并且不介意你已

经为自己的生活建立的基础从脚下被夺走，那么，哲学可能正是你想要的。

## 取消确定性

苏格拉底说，他唯一知道的就是自己的无知，如果说他比别人聪明，那是因为他认识到了自己的无知。苏格拉底向那些自认为知识渊博的人提出挑战，让他们给一些常见的概念下定义，如"勇气"或"正义"；然后他会给出相反的观点，揭示出他们言论中的不一致与自相矛盾之处——他们的回答并不重要，苏格拉底总能在他们的观点中找出漏洞。苏格拉底意欲说明一切事物都比我们所认为的要复杂得多，未经仔细审视便接受普遍观点的做法是不明智的——这就是他为何失去了雅典当局的青睐。他的教学方法以"苏格拉底法"之名为人所知，至今仍在使用。这是一种辩证法——一种以理性论证为框架的对话，对话中符合逻辑的回答应该会将参与者引向"真理"。

分形是一种不断增加自身复杂性的图案。这种图案在复制自身的同时也在分崩离析。所以你观察得越仔细,就越能看到其中的细节。在数学上,分形所包围的面积是有限的,但它的周长是无限的。你可以将哲学看作一种分形——每个问题都会引出更多的问题

## 构建命题

虽然苏格拉底使用辩证法的主要目的是戳破既定信条,但从他的时代开始,辩证法就被用来构建知识。它需要通过一问一答的过程发挥作用,而回答同样又会引

发新的问题，需要更进一步探究。这就让参与者慢慢获得了更深的理解。

辩证法常与18世纪德国哲学家格奥尔格·黑格尔（Georg Hegel，见右图）相联系。他以如下"三一式"提出了辩证法：

- **正题**：被认为正确的观点或陈述，如"撒谎是错的"
- **反题**：对正题的合理回答，反驳正题，如"撒谎有时可以保护人们不受伤害，因此它也可以是好的"
- **合题**：对观点的新陈述，依据反题所提出的反对意见修正而来。在我们的例子中，它可能是"当撒谎的目的不是为了保护对方时，撒谎是错的"

这个过程可以重复。合题成为新的正题并经过检验再次调整。无论是与他人对话，还是自己思考观点，你都可以通过这些步骤仔细审视自己的想法,不断完善它们。

法庭审理案件时用的是辩论的方式,一方支持被告,一方支持原告。判定一个人是否有罪用的就是哲学辩论的技巧与方法

## 从零开始

一般来说,哲学家会从基于之前哲学家的工作而展开研究,使用逻辑论证进行辩论,但情况并非总是如此。哲学是少数几个可以把婴儿和洗澡水一起倒掉、从基本原理出发、从零开始的学科之一。只要新的哲学体系符

合逻辑、内部一致，它就有一线被认真对待的机会。

马丁·海德格尔（Martin Heidegger）和路德维希·维特根斯坦（Ludwig Wittgenstein）都认为，2 000年来，哲学家们都错了，是时候从零开始了。维特根斯坦其至说："我所想的是否已为在我之前的某人所想，这与我是不相干的。"这当然可以节省大量时间，不然就要花费工夫在阅读前人的想法上了。完全从零开始还可以带来新鲜事物，让全新的视角出现。

## 逻辑的角色

逻辑是一种高度形式化的思维方式与推理方式，语言是它的精密工具。第一个提出逻辑方法的哲学家是亚里士多德（Aristotle），他生活在公元前384年——公元前322年的雅典。他向我们证明，基于两个共享同一"项"的真命题，我们可以用它们不相同的项得出另一个真命题。该方法即所谓的三段论逻辑，其最著名的例子是：

*所有人都会死。苏格拉底是人。所以苏格拉底会死。*

在此，相同项是"人"，它出现在前两个陈述句中。让我们把它简化成一种更加公式化的形式：

*所有的A都是B。C是A的其中一项。所以C是B。*

即使我们去掉陈述的内容（人及其必死性这样的细节），第三个陈述仍然是正确的。这就说明该逻辑有效：它是陈述之间的形式关系。只要前两个陈述为真，随后的陈述就总是正确的。这种逻辑无法反驳，而哲学的困难在于填补其中的项（给出陈述）并得出有用的、有意义的结论。这就是我们必须精而又精、慎之又慎的地方。

亚里士多德

> **扮演魔鬼的代言人**
>
> 在哲学辩论中,一个人或一些人可能会扮演"魔鬼的代言人"的角色,为一个他们并不一定支持的观点进行辩护。1587—1983年,"魔鬼的代言人"是一个官方角色。在册封圣人时,"上帝的代言人"提出支持准圣人的主张,而这会被"魔鬼的代言人"质疑。"魔鬼的代言人"的职责就是找出"上帝的代言人"言论中的漏洞。苏格拉底就扮演了"魔鬼的代言人",揭露对方观点中不一致的地方。

假设我们说:

杀人是错误的。堕胎是杀人。所以堕胎是错误的。

这将面临几个质疑。首先是"杀人是错误的"这句话对不对——在某些情况下杀人是正确的。其次是堕胎是不是一定涉嫌杀人——我们必须要问,胎儿何时可以算作一个人,是否可以被算作一个人,我们能不能"杀死"一个不具有独立生命的事物。虽然这个推理的逻辑是可靠的，内容却不合理。想要研究哲学，对逻辑与内容都必须严格把关——即训练你的思想。

## 从哪里开始？

法国哲学家勒内·笛卡尔（René Descartes，顺便说一下，他还发明了用来画图的笛卡尔坐标系）有句名言："我思故我在。"这是他的哲学的起点。他意识到他需要从一些可以确信的事情开始，这是一个稳妥的主张。

他想到的能够确定的事是他自己的存在，证据是他能够思考。用亚里士多德的三段论形式，他可以说：

> 只有存在的东西才能思考。我能思考。所以我存在。

我们现在知道，他的第一个陈述是有争议的——例如，所有的微生物都能思考吗？所以笛卡尔的见解很有可能是建立在有缺陷的逻辑上的。

对大多数人来说，哲学中更重要、更迫切的问题是伦理问题——这些问题关乎道德上的对错。这个领域是我们在日常生活中最有可能遭遇哲学困境的地方，也是会影响到我们行为的地方。我们是否应该违背年迈亲人的意愿将其送进养老院，或者我们应该如何对待动物等。这样的问题似乎比事物是否存在或为什么存在更有意义。

通常，这就是你开始思考哲学的地方——问自己应该怎么做，或者尝试确定你对某个热点话题的立场。但是哲学问题尤其容易"跑题"。一些看似简单而具体的问题往往有着更深层次的根源——这就是为何笛卡尔必须从确认自身的存在开始。正是这一方面让哲学如此迷人且有益。

# 第 2 章 『实在』是什么意思?

假如有一棵树在森林里倒下并且没有人听见,那它有没有发出声音?

我们所说的"实在"是什么意思？有什么东西存在吗？我们能确定吗？存在和实在一样吗？

## 外面有什么？

对于一名哲学家而言，没有什么是给定的——我们必须证明它们，这也包括证明存在本身。在笛卡尔尝试证明他可以确信的

> "你我所理解的事物，一只猫可能就不能理解。假如一棵树在公园里倒下而没有人在旁边，它就是无声的、无形的、无名的。如果我们都消失了，世上就不再有树；所有意义都会随我们一同消失。当然，猫对这一切的理解除外。"
>
> *威廉·福塞特，《自然状态》*
> (William Fossett, *Natural States*)

事物时，他说出了他的名言："我思故我在。"他确信自己是存在的，因为他相信除非他存在，否则就不可能思考。但他的假设并不可靠。后来的哲学家们指出，思考只能证明思考正在发生，而不能证明有个为了思考而存在的笛卡尔。

即使你相信自己是存在的，你能确信其他人也存在吗？也许整个外部世界，包括所有的人以及你过去的经

> **树的问题**
>
> 假如有一棵树在森林里倒下并且没有人听见,那它有没有发出声音?这是一个常被提及的哲学问题。17世纪的哲学家约翰·洛克(John Locke)会给出否定答案。大多数科学家都同意:"声音"需要被听到才能获得定义。当树倒下时,它会在空气中产生振动,如果有一位具有听觉的观察者在场,他就能经验到这种振动。如果你在空中挥手,手也会产生振动,这与树木倒下或铃声振动相同。但是挥手时空气振动得太慢了,我们听不到它的声音,所以它是无声的。有可能有其他的生物可以听到挥手的声音;但对它们来说,世界会是非常嘈杂的。

历,都是你自己的创造(还有这本书,你创造它来促使自己思考这个问题)。也许没有别的事物是真实存在的。

> "'实在'是一个有争议的概念。它断言'事物'就在我们头脑的'外面',而且是某种程度上不容置疑的。"
>
> 伪基百科(*Uncyclopedia*)[1]

---

① 伪基百科是一个戏谑式地模仿维基百科的在线百科全书。——译者注

## 实在或观念？

相信有独立于观察者的真实存在的哲学家被称为实在论者，认为现实是人类头脑中构建的一种观念的哲学家是观念论者。实在论和观念论可以划分为多种不同层次。

最基本的实在论认为，一切事物都是真实存在的，正如它向我们显现的那样。这是大多数人的默认立场——我们在日常生活中假设，真实的存在就"在外面"，而且正是我们认为其所是的那样。哲学家称之为"朴素实在论"。亚里士多德是一位极端实在论者——他确信"外面"的世界是存在的并且是真实的，他还相信我们的感官给予我们关于世界的可靠经验。亚里士多德的老师柏拉图（Plato）的观点则更为复杂。他认为"实在"有两层，第一层是完满的"理念"领域。理念是事物的本质或理型——最完美的马、最完善的正义概念，甚至最好的发型都以"理念"形式而存在。

不幸的是，对存在于不完美的身体里的我们而言，"理念"的领域是不可及的。相反，我们生活在第二层实在，即相当低劣的物质世界中。这里有许多"理念"的实例（或实例化的理念），但没有一个是完满的。马不是英姿勃勃、风驰电掣的，司法系统是有些腐败的，许多发型也相当难看。但这是我们唯一可及的实在，所以我们只能将就一下。柏拉图用洞穴之喻来解释我们所感知的实在（物质世界）与更纯粹、更高层次的理念世界之间的差异。

### 洞穴之喻

想象有一群被囚禁在山洞里的人，他们可以看到洞穴外的生物在墙壁上的投影。在洞穴里的人看来，这些影子是真实的。他们提出理论来解释这些实在的运作方式以及事物为何是其所是（即事物看上去的样子）。假如有几个人逃出了洞穴，看到了真正的实在，他们肯定会过上好一阵子才能反应过来。当他们回到洞穴后，也很难向洞穴里的人解释清楚，让里面的人明白他们在墙壁上看到的根本就不是真实的事物。柏拉图扮演的角色就是一个逃出过洞穴的人，他试图向人们解释这一哲学观点：我们所看到的尽管是我们经验所及的一切，但并不是最高级的真实存在。

> "外在事物的实在性是不能得到严格证明的。"
>
> ——伊曼努尔·康德

德国哲学家伊曼努尔·康德（Immanuel Kant）采取了类似的方法，他区分了现象（*phenomena*）——即我们经验的事物，能看见的、能抓住的、能闻到的、能理解的真实存在——和事物本身（"物自体"），他称之为本体（*noumena*）。本体不在时空中出现，我们无法理解它们，因为它们独立于人类的感觉或知觉而存在。

## 替代性的（非）实在

如果你不相信真实的存在，还有许多其他的选项，包括：

- "缸中之脑"——你并不是一个存在于走来走去的身体里的真正的大脑，而是一个被保存在营养液缸里的大脑。你的大脑中产生的图像和感觉都是电脑给出的，它创造了一个虚拟的实在，而你现在认为这种现实是真实的

- **"恶魔"**——一个恶魔控制着你并说服你"现实"是真实的
- **"一切都是梦"**——当我们做梦时,梦境似乎也是真实的,所以我们怎么能知道自己的一生不是一场梦呢?中国哲学家庄子曾梦见自己是一只蝴蝶。当他醒来时,问自己怎么知道哪个身份是真实的:他是梦见自己是蝴蝶的庄子,还是梦见自己是庄子的蝴蝶?
- **《黑客帝国》是对的**——我们居住在由其他存在者创造的计算机模拟世界中
- **"一切只是刚刚发生"**——世界是最近才被创造出来的,可能就是上周四(这种理论有时被称为"上周四主义")。世界里的一切,包括你的记忆,都是为了让人觉得世界要比实际上古老得多。这是神创论的一个版本,将它所宣称的世界被创造出来的时间进一步缩短了。即使有许多明显的地质史证据,神创论仍然坚称世界是在仅仅几千年以前才被创造出来的

没有办法证明那些看上去很古老的东西不是最近才被创造出来的,它们可能被赋予了令人信服的证据说明它们来自远古,以便欺骗我们

### 无物存在……

早期希腊哲学家高尔吉亚(Gorgias)对真实存在持有强硬的否定态度。他说:

- 无物存在
- 即使有某物存在,我们也无法认识
- 即使我们能够认识,也无法告诉别人有关它的知识

这种观点就是所谓的"唯我论"——只相信思考者必然存在。(在哲学中,存在和真实并不必然是同一件事情。)

# 把上帝考虑在内

英裔爱尔兰主教乔治·贝克莱（George Berkeley）常被误认为是"树的问题"的提出者。他不仅会说那里不存在声音，还会说那里不存在树。但树的不存在是在某种特殊意义上的不存在。

对于贝克莱和后来的威廉·福塞特来说，所有的经验都是通过我们的感官来感知的。存在的一切仅仅是我们对事物和内、外部状态的感知。如果我们没有感知到它，它就不存在；或者说，"*Esse is percipi*"——存在就是被感知。但贝克莱不相信我们是从虚无中建构出了所有的感官知觉。正如他所说，当我们睁开眼睛时，我们无法对看到的事物进行选择，各种各样的知觉来自上帝。即便所有人都没有看那棵树，上帝仍然在注视着它，那树也仍然在同一个地方等着下一个来到它跟前的人。这是一个很聪明的理论，但它非常依赖于上帝——尤其是上帝的存在。

## 事物是什么样的?

我们对存在物的认识总是要以我们的身体为媒介——无论是感官还是心灵。我们再一次被抛给了知觉。根据对事物的经验,我们将它们描述为硬的或软的,湿的或干的。

如果你先摸一摸毛皮,再摸一摸钢铁,你会注意到它们之间有区别。毛皮软,钢铁硬;毛皮暖,钢铁冷。但是这些区别在多大程度上是属于实体的?这些区别又在多大程度上只是出于我们对其感知的差异?

毛皮和钢铁,如果在同一个房间里存放一段时间,它们将具有相同的温度。毛皮摸起来暖和,因为它是隔热材料;钢铁摸

> "如果假定,世界事实上是5分钟以前产生的,并且其居民'记得'一种完全不真实的过去,那么这在逻辑上并非是不可能的。不同时刻的事件之间并无逻辑上必然的联系,所以现在或未来所发生的任何事情都不能反驳这个假设,即世界是5分钟以前开始的。"
>
> 伯特兰·罗素(Bertrand Russel)

起来让人觉得冷，因为它是热的导体——它能把热量从我们手上带走，所以我们对它的感受是冷的。毛皮摸起来很软，因为它由许多细小的纤维组成，这些纤维可以在它们之间的空气中移动。我们也可以把钢做成毛，但是我们通常所体验的钢铁是一个整块，而不是钢和空气的混合物（想想铁粉摸起来有多软）。当然，材料之间也有真正的物理差异，这是由原子和分子的排列产生的。

---

**只要我们相信，它就存在**

共识实在（consensus reality）指的是一些事物或情况因为大多数人相信它们存在而被认为是真实的。例如，在一些现代社会和许多古代社会中，有许多人相信上帝存在，因而上帝的存在可以算作共识实在。

---

约翰·洛克将事物的性质分为第一性的和第二性的两类。第一性的质属于物体本身——空间中的广延、形

在月球上行驶的交通工具不会发出声音,因为没有空气传播振动。声音需要运动的物体、空气和观察者相互作用

状及物体是否在运动等。第二性的质是那些依赖我们对事物的感官知觉的性质,如颜色、重量和它所发出的噪音。德国哲学家马丁·海德格尔认为,我们对世界的理解总是与我们自身有关。他将人类的状态描述为"此在"(*Dasein*),字面意思是"在此存在"。我们的存在是根据我们在世界中所处的环境来定义的,我们不可能将个人意识与周围环境分开。

## 量子态存在

量子力学最著名的标志之一（也许是唯一著名的标志）是埃尔温·薛定谔（Erwin Schrödinger）的那只不幸的猫。在他1935年设计的这个思想实验中，薛定谔让我们想象有一只猫被关在盒子里（见下图），盒中还有一瓶毒药、一些放射性物质以及一个放射性探测器。如果探测器探测到放射性物质发生了衰变，瓶子将自动被打破，毒药就会将猫杀死；如果没有发生衰变，猫就能活下来。

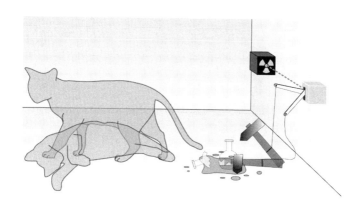

在我们打开盒子之前，我们无法知道猫处于何种状态。根据量子理论，在盒子打开之前，猫的状态甚至是不确定的。猫同时处于死和活两种状态，直到它的状态

为观察结果所确定。

薛定谔设计这个实验是要说明量子理论的某些方面从原子层面推广到我们周围的世界时听起来有多么荒谬——为什么说这只猫在它的状态被**确定**之前既是死的又是活的，而不是说它的状态被**知道**之前是死的或活的？这个问题就像树的问题一样，是因为观察者的在场影响到了我们以为是真实的东西。

---

**月亮存在吗？**

在一个（可能是杜撰的）故事中，阿尔伯特·爱因斯坦（Albert Einstein）曾问量子物理学家尼尔斯·玻尔（Niels Bohr），他是否真的相信月球只有在有人看着它的时候才存在。玻尔回答说，爱因斯坦无法证明月亮在没人看着它的时候也存在。

---

## "无"是一种"有"吗？

"无只能换来无。"李尔王（King Lear）对考狄利娅（Corde Lia）如是说。但无论我们是更愿意将上帝还是大爆炸视为宇宙的起源,似乎一切都是从无而来。

形而上学的一个关键问题是,为什么有事物存在(如果真有的话),而不是什么都没有。所有的"有"基本上都是一种"无",而"无"只有在有事物存在时才有意义。只有在别处有事物时,虚无或真空才能得到定义。

"无"比我们所想象的要常见得多。每个原子都有99.999999999999%的体积空无一物。这意味着,如果一个原子中的所有"物质"都挤在一起,没有真空,那么之前物体所占空间将是之后的$10^{14}$倍。真是难以置信!这意味着直径140万千米的太阳会被压缩到1.4毫米的百分之一,或者14微米。它的密度将是黑洞的100万倍。

换句话说,在我们认为是"物质"的事物中,"无"是"有"的100 000 000 000 000倍。而在太空中,"有"甚至更少了(或者说"无"更多了)。"无"的存在(即粒子内部和粒子之间的空间)才使我们的世界成为可能。

### 为什么有事物存在,而不是什么都没有?

要解释宇宙的存在,通常需要一个"原动力",通过它从无中生出了一切。在许多神话和宗教中,都有作为原动力的存在。科学认为大爆炸最有可能是宇宙的原动力。无论是神秘的还是科学的,在这两种情况下,问"在那之前还有什么"是毫无意义的,就像问北极以北还有什么一样毫无意义。

# 第3章 你知道什么?

你是怎么知道的?你能确定什么?

历史上对知识从何而来的说法有很多。在犹太教和基督教传统中，吃下智慧之树的果实导致了人的堕落。在中世纪传统中，浮士德把自己的灵魂出卖给魔鬼，换来对巫术的理解以及随之而来的力量。但若没有现成的苹果或魔鬼，我们大多数人是如何获得知识的呢？

## 白板

新生儿能很快学到很多知识。亚里士多德首先提出，婴儿出生时有着一个空白的头脑，或者说是"什么也没有写的写字板"，是经验在上面写下了知识。大约1 300年后，波斯哲学家伊本·西纳（Ibn Sina），也被称为阿维森纳（Avicenna），使用了"*tabula rasa*"（白板）一词："刚刚出生的人的理解力就像一块白板，是一种纯粹的潜能，它需要通过教育来获得实现

> "我们如果仔细考察新生的婴儿，我们便会看到自己没有什么理由来相信儿童生来就带有许多观念。……（但是）后来，观念逐渐进入他们心中。"
>
> 约翰·洛克

并习得知识。"

婴儿必须学会爬行,然后学会走路、说话,与他人交流。神经学家表明了婴儿大脑中神经元的成长以及神经元之间的连接建立的过程,因此从生理学上讲,在身体发育到某个特定阶段之前,婴儿是无法习得某些技能的。但这是否说明婴儿是在无知的状态下习得这些技能的呢?

## 柏拉图与有知识的灵魂

柏拉图不同意白板理论。他相信人的灵魂是预先存在并被分配到婴儿体内的。在灵魂未转世时,它们具有内在的知识与理解力并能够进入理念世界。一旦灵魂被囚禁在人类的身心之中,这些纯粹的理解力就会被隐藏起来。根据柏拉图的说法,当我们学习时,我们是在发现已经存在的或先天赋予的知识。这种观点毫不出人意料地被称为"天赋

> "(灵魂)完全是个被束缚在身体里的囚犯……它被迫透过监狱的铁栏向外窥探,而不是自己去探索实在。"
>
> ——柏拉图

观念论"（innatism）。这就好比灵魂被放进一个玻璃隔间，四周窗户上都是雾气，自己必须把雾气擦干净，才能看清之前它在隔间外面时所能看到的东西。但即便如此，它也只是透过模糊的玻璃看事物，而不是真正地看到。因此，婴儿的灵魂中锁着许多知识，但若不给予提示，他就无法获得这些知识。

为证明这一点，柏拉图叙述了苏格拉底如何将一名奴隶灵魂中的知识"揭示"出来。一开始，这个奴隶似乎对几何公式一无所知。在向奴隶提了几个问题之后，苏格拉底就引导他说出了公式。苏格拉底声称，这表明奴隶一直都知道公式，但需要一些帮助才能发现它。当然这个证明有问题。正是苏格拉底所提出的问题通过理性引导奴隶走向了正确的结论。

后来的天赋观念论者认为，上帝向灵魂提供了一种包含知识的"新手大礼包"。被假定为天赋观念的包括上帝的存在（笛卡尔）、诸如"1+1=2"之类的数学知识（莱布尼茨）以及关于对错的伦理学真理（康德）。如果道德知识是天生的，那么它必然是绝对的、不变的，无论何时何地，对任何人来说，好坏都是一样的。在某些情况下，有人可能没有意识到某一条天赋真理的存在，但这是因为该真理还没有在他们身上被唤醒，而不是因为他们没有。轻轻一推或稍加提示就能让它浮出水面。

## 唯理论和经验论

无论知识来自灵魂，还是必须由每个新生命体从零开始积累，它的获取来源主要有两个。我们既可以运用理性获得知识，也可以通过来自感官的依据获得知识。相信我们可以运用理性获得知识的哲学家被称为唯理论者，如柏拉图和笛卡尔等。另一些哲学家相信感官是知识唯一可靠的来源，如亚里士多德和洛克，他们被称为经验论者。经验论者倾向于赞同"白板说"，认为婴儿必须要经验世界才能获得知识。理性主义者相信存在着天赋知识，或者知识的获得与建构至少有着天赋的结构。

苏格兰哲学家大卫·休谟将经验论发挥到了极致，他不相信任何无法直接经验到的东西的确定性。因此他否认了上帝的存在，否认了因果关系的存在，否认了所有由理性得来的知识，甚至最终否认了他自己的个人同一性，他唯一能确定的是他对事物有所感知。他不能确

约翰·洛克

定这些感觉是不是与真实的事物有所关联,因此得出结论:"我也就是一堆感知而已。"

## 眼见真的为实吗?

你很可能十分确定事物都是什么颜色的,除非你是色盲。假设你穿着一件红色的毛衣。所谓"红色"的性质的意思是"反射(或发射)红光,即波长约650纳米的电磁辐射"。但尽管每个人都认同你的毛衣是红

### 我们什么也不知道

公元前3世纪,有一群怀疑主义哲学家认为我们不能确信任何事物。我们不能相信我们对物质世界的了解,因为这种了解来自我们不完美的感官。我们永远也不知道我们所看到的是事物的全貌还是一隅。如果我们看到周围有树,我们无法确定我们所处的地方是一片广阔的森林还是一小片灌木林。如果我们看到前面有水,那里既可能是一条无边的河流,也可能是一片汪洋大海。

怀疑主义者相信他们的观点可以帮助我们保持冷静与自由,减轻生活压力。如果我们不装作"知道"事物的好坏,就不会渴望它们,不会患得患失。我们将在多变的命运面前保持平静。换句话说:无知是福。

---

色的,我却不知道我所看到的红色是否和你看到的红色一样。我们对红色的经验可能会非常不同,但我们永远不会知道。

康德认为我们只能通过感官知觉来认识世界,而不能知晓我们的印象如何(或是否)与事物真实的样子联系在一起。他指出，如果我们一生都在用一个可以扭曲事物的透镜观察世界，我们将永远不会知道自己所看到的事物不是真实的存在。有趣的是，如果有人戴上一个能颠倒所看到的图像的眼镜，几天后，他们的大脑就会适应这种扭曲，在看到物体时自动在脑海中显示出其正确的朝向。我们所看到的是我们期望看到的——我们不知道这与真实存在有什么关系，或者讨论与真实存在的关系到底有没有意义。

## 信仰

另一个可能的知识来源是神启，或者说通过信仰来获得理解。圣·奥古斯丁（St Augustine）相信他只有通过上帝的恩典才能实现完全的理解。他相信《圣经》中的一句话："除非你相信，否则你就不会理解。"（《圣经·以赛亚书》, 26:3）

当然，由信仰而来的此种知识是不容易证明的。那些不相信神启的人将会怀疑它的可靠性。

## 红 移

不仅仅我们的感知会扭曲现实，物理学现象也会。当一个物体远离你运动时，到你身前的光的波长会变长，朝着光谱的红光端移动，这是多普勒效应的结果，该效应也可以解释为何一辆高速行驶的车辆驶过时发出的噪音音调会有高低变化。星星随着宇宙的膨胀不断在远离我们，红移现象让它们看上去比它们本身更红了——也就是说，比它们实际发出的光更红了。

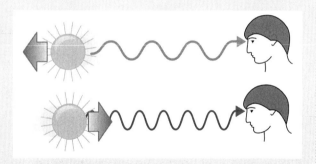

如果恒星相对于我们是静止的，那么它看起来是白的；如果恒星正在远离我们，它看起来就是红的；如果它正在向我们移动，它看起来就是蓝的

## 先天论：为知识做好准备

康德提出，孩童以先天的方式认识物体，这种方式不依赖被封存的关于理念世界的知识——我们对其只具有模糊记忆。康德的解释凭借的是他那套相当复杂的"范畴"理论，这些范畴可以用来描述所有的事物。距离我们更近的关于先天论（认为我们在某种程度上先天地为知识做好了准备）的阐释更容易理解，也更具体。

对心理学感兴趣的现代哲学家，如诺姆·乔姆斯基（Noam Chomsky）和杰里·福多（Jerry Fodor）认为，大脑的结构已经以某种方式为接受或建构知识做好了准备。这不是说婴儿已经知道了事物，而是说婴儿已经知道了如何知道事物。这有点像一个预先格式化了的硬盘——它已经设置好了所有用以接收数据的结构，只待填充即可。

乔姆斯基指出，语言结构的潜在相似性可以支持他的观点，即语言学习是大脑事先准备好去做的事情；但还有其他类型的知识需要幼儿很早学会。从婴儿时期开始就没有人类陪伴的儿童，可能永远学不会说话、直立行走、吃熟食或穿衣服。乔姆斯基认为，道德结构可能也是由大脑的结构决定的。在不同文化中可以发现非常相似的道德价值观念,这可以支持他的观点。(尽管这种现象也可以被解释为,要想让公共生活平稳运行所需的价值观念是相似的。)

乔姆斯基怀疑,大脑的结构甚至可能会限制我们所能知道的东西。有些问题可能超出了我们的能力范围,因为我们的大脑结构并不能让我们理解这些问题的答案,就像我们的眼睛看不到红外线,耳朵也不能听见低频声波一样。乔姆斯基认为哲学上的一些问题可能就是这类我们无法理解的问题。

### 先天与后天

"白板说"与天赋知识的辩论是我们讨论人主要是由先天(内在的或遗传的特征)还是后天(环境与我们的教养)所造就的核心问题,这也能推广到所有的社会对话之中。一个人生来就是同性恋,还是后来变成了同性恋?有些人是天生就有犯罪倾向,还是说,他们的父母、学校与所处的社会环境导致了他们的犯罪倾向?

"白板说"认为，我们的一切都来自后天培养；天赋观念论则会说，在很大程度上，我们在出生前就已经被决定了。过于坚定的天赋观念论可能会导致危险的政治决策，包括优生学，即试图通过限制基因库来培养或淘汰某些特征的做法。要实现这个目的，就需要对谁可以生育以及可以和谁生育做出限制。

## 第4章 什么时候饼干不是饼干?

我们是如何给万事万物分类,又是怎么知道我们得出的结果是有真实依据的?

雅法蛋糕①松软的基底上裹着一层橙色果酱，外面还有一层巧克力。它是蛋糕还是饼干？1991年，雅法蛋糕的生产商麦维他（McVities）曾因这个问题与英国海关争论不休。巧克力饼干要缴纳增值税，而蛋糕不管有没有巧克力，都不用缴纳。

## 如何给事物分类？

人们有给事物分类的强烈倾向。我们给万事万物进行分类，甚至分出了饼干和蛋糕。但是分类反映了真实的区别吗？还是说，它是人为创造的范畴？

2 300年前，亚里士多德就试着给出了形式化的范畴概念。他相信他给出的范畴真正地体现了事物间的区别，这体现了他的实在论立场。（那些认为范畴完全是强加于被分类事物上的人被称为概念论者。）亚里士多德列出了10种最高级范畴，用以区分事物（也可能是区分语词——他是在讨论语词还是在讨论语词所指的事物，这还尚不清楚）。这10种范畴是：（1）实体（如

---

① 一种饼干大小的蛋糕。——译者注

人或马);(2)数量;(3)性质(如白色);(4)关系(如一半、两倍);(5)地点;(6)时间;(7)姿势(如坐着);(8)状态(如戴着帽子);(9)主动;(10)被动(如被切割)。范畴比任何能列出来的清单都更复杂。一个重要的区别是它们互不相同,例如数量不是一种实体或一处处所。

亚里士多德没有给出"最最高级"的范畴,因为范畴就是给出划分,而且从逻辑上讲,如果一切都在"最最高级"范畴内,那么在它之外就不存在任何东西了。不过每个范畴都包括了多个细分概念,我们可以在范畴体系内选择不同的上下等级,让能够被囊括的实例有所增减。例如,当我们在思考"狗"这一范畴时,可以更具体地思考"斑点狗"的范畴,或者更概括性地思考"陆地哺乳动物"的范畴。范畴化需要对事物进行研究,找出事物的共同特征以及它们与其他事物的区别。

### 对雅法蛋糕是否为"蛋糕"的支持与反对意见

为了做出判决,法院考虑了以下几点意见:
- 它的名字中有"蛋糕"

- 雅法蛋糕是由鸡蛋、面粉和糖的混合物制成的，烹饪时会变得蓬松，就像真正的蛋糕一样。它的面糊像蛋糕糊一样稀，不像饼干面糊那样黏稠
- 蛋糕柔软易弯曲，饼干可以轻易掰断。雅法蛋糕不会一掰就断，而且它的质地与海绵蛋糕一样
- 不新鲜的雅法蛋糕和普通蛋糕一样都会变硬。而饼干不新鲜时会变软
- 雅法蛋糕体积中的很大一部分都是松软的
- 雅法蛋糕很小，像饼干；但作为蛋糕，它又有点太小了
- 雅法蛋糕的包装看起来更像饼干包装而不是蛋糕包装
- 雅法蛋糕通常与饼干一起出售，而不是蛋糕
- 雅法蛋糕是一种零食，可以用手拿着吃；蛋糕通常用叉子吃

法院裁定，雅法蛋糕具有足够的蛋糕特征，因此它们可以被算作蛋糕，不缴纳增值税。

## 拿得准——什么是充分且必要的?

为了恰当地给事物分类、下定义,我们需要找到一些必要且充分的性质,将事物归类。经典的分类方法给出了众多类别,能让所有事物都能找到对应的分类。这些类别必须是互斥的,也就是说,如果一个动物是鸟,它就不可能是鱼;如果一辆车是摩托车,它就不可能是汽车。

## 动物还是植物?

第一次大规模、系统地对生物进行分类的尝试是由瑞典博物学家卡尔·林奈(Carl Linnaeus,见下页图)在18世纪完成的。他试图从可见的特征入手确定生物之间的关系并将生物划分为界、纲、目、属和种。其所著《自然系统》(*Systema Naturae*)一书在1735年首次出版时只有12页;而第12版,也是林奈最后一次主编的版本,则有2 400页,于1768年完成。

今天的种系发生学采用了不同的方法,即从生物

的DNA着手确定"进化枝",其分组依据是生物体是否在其进化路线中拥有最后已知祖先的一个或多个特征。

这种研究的目的是弄清楚所有生物是如何从其他生物进化而来的,最终给出一张涵盖整个自然界的巨大家谱。

这项工作并不简单,因为通常给生物分组的方法不止一种,这取决于你看到的是什么特征。

## 难辨的老虎

美国哲学家索尔·克里普克(Saul Kripke)和希拉里·普特南(Hilary Putnam)曾尝试使用事物固有的必然属性来定义类别——类似于洛克的第一性的质。如果我们要给老虎下定义,我们可能会说它身上有条纹,长着4条腿。虽然它们是老虎的常见特征,但它们不是必然的属性,因为老虎可能患有白化病,或者可能失去一条腿，但它仍然是老虎。为了更精确地定义老虎，我们可以说它一定有老虎的DNA。没有老虎DNA的动物就不可能是老虎，所以老虎的DNA是一种必然属性。然而，拥有老虎的DNA还不足以识别老虎——那条失去的腿或老虎身上带有一点条纹的（或白化的）皮毛可能也具有老虎的DNA，但不能被称为老虎。

也许我们可以这样定义老虎：它是一个带有老虎DNA的、完整的生物。但怀孕的即将分娩的老虎怎么算呢？它有一个独立的躯体，体内还有三四只未出生的老虎。人体内的微生物细胞比人体的细胞还要多——大概老虎也是如此。因此，老虎体内的非老虎成分要比老虎自身的成分多。虽然它们栖息在具有老虎DNA的结构中，我们也并不因此而把这群微生物称为老虎。在我们考虑用什么来给它们归类时，我们已经有所选择了。

## 拿不准

类别之间的界限很少是分明的。1347年去世的英国修士奥卡姆的威廉（William of Ockham）坚称，所有的分类都是一种结构，我们将之强加于现实，来帮助我们思考世界，甚至包括"人"或"树"这样的标签也是如此。奥地利哲学家、物理学家恩斯特·马赫（Ernst Mach）提出，即使是那些我们声称自己所"发现"的自然法则或物理定律，其实也只是我们心灵的产物，心灵试图将秩序强加于我们所处的环境中。这些定律并不是"真实"的，它们只是我们在特定的条件下所能想到的最佳解释。

在生物学上，花和杂草没有区别。你可以说"花"是一种让人感到愉悦的植物。草坪上的雏菊或蒲公英是花还是杂草？杂草只不过是"生长在错误的地方"的植物吗

## 谁来选？

种系发生学是对生物进行分类的一种方法，它对生物学家来说非常有用。但从本质上讲，它是否比按颜色、大小或凶猛度来区分事物更有效呢？科学家会说，这种区分方式所依赖的关系是内在所固有的，一种动物确实通过进化变成了另一种动物，我们只需要发现两者间正确的关系。

艺术家可能会因为几种乌龟和几种猫身上有着相似的图案而将它们分成一类，也许这也告诉了我们一些关于动物的有用信息。它们都有这种图案，可能是出于相同的原因（如为了伪装）。我们目前优先考虑的是科学，但这并不意味着科学提供了一种客观的、比任何方法都"更好"或更"真实"的分类方法。

第 5 章

# 茶还是咖啡？

你成为现在的你是出于自己的选择，还是有关你的存在的一切都是命中注定？

你相信你有选择做什么的自由吗？或者一切都是命中注定的，就连你在吃雅法蛋糕时要配茶还是咖啡也是命中注定的？

## 自由意志和决定论

决定论相信一切都是命中注定，或者预先被决定的观点。它可以基于宗教或精神立场，也可以基于科学立场。决定论的对立面是自由意志，即我们可以自由地选择行动。因为我们不知道什么事情会发生，我们都会按照有自由意志来感觉和行动，即使这些事情是注定的。

诚然，自由意志的幻觉似乎是必不可少的。若是没有它，我们都将麻木不仁，因为我们知道自己所做的任何事情都不可能对未来的发展产生任何影响——我们会觉得所有的行动都毫无意义。

在古希腊和古罗马，人们求助神谕来揭示未来或指

> "经验明白地告诉我们，人们相信他们自由，只是因为他们能意识到自己的行为，而丝毫意识不到决定他们行为的原因。"
>
> 巴鲁赫·斯宾诺莎
> （Baruch Spinoza）

导他们应该如何行动。这表明他们相信未来已经被规划好,但并非不可改变;这就好比某事有种强烈的发生倾向,但人依然可以在某种程度上进行干预。如果人们不相信这一点,那么供奉神祇、寻求指导就没有意义了。今日我们也可以看到类似的情况,那些知道自己的遗传基因里有患心脏病倾向的人,可能会采取健康的生活方式来将风险降到最低。

然而,像俄狄浦斯(他无法逃脱杀父娶母的命运)这样的故事表明,人类不过是在命运之钩上挣扎的蠕虫,改变不了自己的命运。如果你无法摆脱命运的束缚,那知道命运的走向又有何用?俄狄浦斯为此而挣扎,所以他是个悲剧英雄。我们同情他的悲惨处境,钦佩他为摆脱命运所做的努力。他不畏万难,要试着做对的事情,他的回应显示了自己的伟大。要发生什么也许不可避免,但他拥有主宰自己的力量,这在他的行为中得到了体现。

但这些都是真的吗?如果一切都是被预先决定的,也许俄狄浦斯的徒劳挣扎也是如此。又或许有一种折中的办法:我们就像火车,不能偏离轨道,但我们可以通过走得快与慢来影响自己的进程,我们也可以选择运输货物还是乘客。

# 犯罪的自由意志

在宗教语境中，一些人将获得拯救，另一些人将会下地狱。这样一来，自由意志的问题就非常重要了。毕竟，如果命运都已经为你安排好了，那么遵守规矩又有什么意义呢？因为不会产生什么影响。加尔文宗就采取了这种立场。这是基督教的一个分支，其基础是约翰·加尔文（John Calvin）的学说。该学说认为每个人的得救或不得救的状态是被预先决定的，即上帝选民理论——每个人生来都有罪，除非通过上帝的恩典，否则无法得到救赎；上帝已经选择了选民，即自古以来被选中的人。我们不管做什么都改变不了自己的命运。

能否成为选民之一不取决于个体的行为或思想，而是依据只有上帝自己知道的标准。伊斯兰教中，只有那些皈依安拉的人才会获得引导，但安拉会选择谁将皈依。如果上帝已经选出了选民，而且他们永远都是被选中的，那么我们还不如真正地放纵自己——反正也没什么区别。

在加尔文宗看来,圣灵"仁慈地使被选出的罪人选择合作、相信、悔改并心甘情愿地皈依基督"。酗酒、

### 看见还是预见?

有神论宗教崇拜全知的神,如基督教。如果上帝能看见即将发生的事情,那么这是否意味着我们并不是按照自己的想法自由行动的,而是所有的行动都已被事先决定了?毕竟,如果上帝知道你要去吃雅法蛋糕,那你还能不吃吗?简单的回答是:"是的,你可以。"——上帝知道,但没有命令它发生。如果你改变主意,不吃雅法蛋糕了,上帝就会看到这个决定。哲学家波爱修(Boethius)解释了宿命与预见之间的区别:因为上帝存在于时间之外,他可以看到永恒的现在中的一切。他看见了,但这并非被看见之事发生的原因,正如太阳升起并非这些事件发生的原因一样。上帝也能看到事情的发生是出于必然性还是自由的选择。太阳因必然性而升起:它必定如此,因为它遵循物理定律,别无选择;但行人已经选择了行走,你看到他们在行走,只是因为他们已自由地选择行走。不过,在有的宗教里,信徒相信神可以做超出预见以外的事情。穆斯林相信一切事情都因真主的旨意而发生,换句话说,一切都是命中注定的。这意味着你不用谨慎行事了:如果真主想让你活到明天,你就会没事儿;如果你时辰已到,再多的安全帽和安全带也无济于事。

赌博和好色的倾向是非选民的标志，因此信仰者会保持正直品性，严格要求自己。这种情况很奇怪——加尔文宗遵守规矩是为了证明一些事情已经发生了（上帝已经选择救赎他们）。

## 物理学与自由意志

现代物理学认为，物理定律支配着宇宙中发生的一切，而这些定律（很可能）不会随时间而改变。这意味着在亚原子层面上，每一种行为及其反应都是可预测且不可避免的。在大多数情况下，我们实际上无法进行这种预测，因为我们的知识是不完整的，计算能力也不够，但物理学的必然性仍然存在。我们可以一直向前追溯，那么自大爆炸以来发生的一切都是必然的。如果我们让过去的138亿年重演，完全相同的事情会再次发生。

在物理主义的宇宙中，我们都不过是物质，与所有其他物质没有什么不同；我们的思想和意向是大脑中化学反应的结果。我们所思想、行动和希冀的一切也必然遵循物理定律，而且它们的产生在所难免。这种物理决定论剥夺了人的自由意志，我们只能通过一些不受科学定律约束的、非物理学的、有生命力的精神来重获自由意志。

## 自由与混沌

混沌理论研究的是对初始条件敏感的系统的动力学，在这样的系统中，初始的一些微小变化可能会在之后产生巨大的影响。结果是由物理定律决定的，因此从理论上讲，它是可以预测的，但它的条件和计算十分复杂，无法做出实际预测。天气是混沌系统的一个很好的例子：需要考虑的变量实在是太多了，长期准确地预报天气尽管在理论上是可能的，但在实际上是不可能的。有时我们也称之为蝴蝶效应：蝴蝶扇动翅膀可能会导致几千千米外发生风暴。

> "所有物理事件都是由之前所有事件的总和引起或决定的。"
>
> 丹尼尔·丹尼特
> （Daniel Dennett）

蝴蝶扇动翅膀可以影响遥远地方的天气系统,这种观点经常被用来解释混沌理论:即一切都是一个复杂到难以置信的系统的一部分

由于混沌理论的基础是初始条件的改变所造成的影响,所以假设在任何一点上都存在着不止一种可能的状态。蝴蝶可能会拍打翅膀,也可能不会,可选择性的概念说明一切都不是被预先决定的。另一方面,如果所有的未来事件都是由每个小小的选择决定的,那么自由意志会被放在哪里呢?一种答案是假设存在多元宇宙——宇宙的许多不同版本,它们的存在对应于所有可能的选择或事件。它们的分叉点是无限的,例如,无论你在任何时候选择了喝茶或咖啡、是否熬夜,或选择了一件礼

物而不是另一件时,宇宙都会产生新的分支。

## 你的大脑在做什么?

2008年在德国马克斯·普朗克研究所进行的一项神经学实验,为我们提供了关于自由意志问题的惊人的新见解。研究人员使用核磁共振扫描仪来测量受试者在选择用左手还是右手按按钮时发生的大脑活动。通过观察大脑的活动,神经学家们发现,他们可以在受试者认为自己已经做出决定的7秒之前,预测受试者将要做出的选择,这表明我们的"选择感"是潜意识过程的副产品。换句话说,我们没有自由意志,但我们的大脑欺骗了我们,让我们认为自己有自由意志。

正如巴鲁赫·斯宾诺莎说过的那样:"人们相信他们自由,只是因为他们能意识到自己的行为,而丝毫意识不到决定他们行为的原因。"

## 其他限制

即便我们相信自己有行动的自由,相信我们的命运

### 一只事关重大的蝴蝶

在雷·布拉德伯里（Ray Bradbury）于公元1952年写作的《雷霆之声》（*A Sound of Thunder*）中，一位穿越到恐龙时代的时间旅行者无意中踩到了一只蝴蝶。回到现代世界后，他发现自己意外杀死蝴蝶的行为以无法预料的方式扰乱了历史的进程。

还没有被神明或物理定律无可改变地规定好，一些对自由意志的限制也仍然存在。

我们选择的自由可以通过多种方式被剥夺：囚犯选择受限；下身瘫痪的人选择受限；生活在极度贫困中的人选择受限。我们可以把这个想法进一步推广，认为那些年轻时机运不佳或未能接受教育的人的选择也是受限的；认为那些为霸凌者恐吓住的人，或被压迫性政权洗脑的人的选择是受限的。这时，我们可以说作用于一个人身上的力也让他的自由意志有所丧失吗？

如果一个人注定要做出某些举动，无论是因为其大脑中的化学反应还是神明的规划，我们能让他对自己的行为负责吗，或者选择只是大脑所产生的幻觉？若行为是无可避免、无法控制的，那么因某人做出了这样的行为而惩罚他，是可以接受的吗？

## 回旋余地

当然，若假设自己没有自由意志，我们就无法生活了。为了让社会运转，我们必须坚信自己可以自由行动。法院假定人们通常具有行动的自由并要为自己的行为负责。他们没有停下来去探究形而上学的问题，问人们是否可以自由地做出选择。从历史事实来看，如果人们觉得奖罚机制是恰当的，他们的行为就会有所改善。当然，也有可能他们一直都是命中注定要如此行动的……

一些哲学家试图在自由意志和决定论的争论中争取一些回旋余地。正如丹尼特所指出的，如果我们屈服于决定论,就会陷入宿命论和绝望。一种被称为相容论(compatibilism)的折中立场试图为足够的自由意志留出空间,让我们得以应付过去。它的基础是,人们的行动是自由的,但遵循的动机是被决定的。所以,如果你是一个慷慨的人,就可以自由地选择向哪个慈善机构捐赠,但你总是将要捐给其中一个。正如亚瑟·叔本华(Arthur Schopenhauer)所说:"人可以做他想做的事,但不能决定自己怎样想。"也有人认为这种余地是虚幻的,甚至会带来更糟糕的后果,是一种"拙劣的托词"(康德语)或"推诿的泥潭"(威廉·詹姆士语)。

## 过多的自由

20世纪的存在主义哲学家们则持有截然相反的观点,他们赋予人身的自由和责任比我们大多数人想要的还要多。用让-保罗·萨特(Jean-Paul Sartre)的话来说,就是我们"被判定是自由的"。

> "人的命运存在于他自身之中。"
>
> 让-保罗·萨特

根据萨特的观点,我们的性格是被行为定义的,而不是反之。我们从一张白纸开始塑造自己。萨特并不是说我们有着相同的选择,而是主张即便处于胁迫之下,我们做出选择时也都是自由的。我们不能说"我别无选择",因为选择总是存在的,即使其中的一个选择对我们而言万万不能接受。例如,是遵循枪手的命令,还是去死。我们不能将自己做出的选择归咎于上

帝（上帝并不存在，不过我们可以选择相信他），也不能归咎于我们性格中的任何倾向，因为这些倾向都是我们自己通过先前的决定而造就的。

　　逃避选择的责任就是欺骗我们自己。

# 第 6 章 机器里的幽灵?

你的哪一部分是真正的『你』?

长期以来，世界上大多数文化都认为，人类的本质就是一具居住着某种精神的躯体。可能是一种具有特殊宗教意义的精神，如神性或某种宇宙精神的碎片；它也可能没有超自然的元素，是一种更接近心灵或意识的东西。精神可能是永恒的，也可能在肉体死亡时消散，甚至像幽灵一样在以太中徘徊。还有一种可能是，躯体与精神的二元模型是错误的，并不存在某种特殊的有生命力的精神。

> "我不仅住在我的肉体里，就像一个舵手住在他的船上一样，而是……和它非常紧密地连接在一起，融合得像一个整体。"
>
> 勒内·笛卡尔，《第一哲学沉思集》

## 分界线

柏拉图认为，当灵魂居于肉体中时，它就暂时脱离了理念世界，所以潜能受到了限制。宗教观点也往往认为灵魂是困在身体里的囚徒，它渴望接近善或上帝，却为满足肉体欲望的低级冲动所拖累。身体与灵魂之间存在张力，而灵魂总是高尚的一方——这就是对两者之间关系的典型看法。

在启蒙运动中，人们对力学等科学的兴趣日益浓厚。受此推动，笛卡尔提出，人体是一个复杂的生物机器，为精神所控制。这个理论后来被称为"机器里的幽灵"。乍一看，这似乎很直观：我们身体的一部分在思考、做梦、希求、经验、感受，它与在呼吸、爬楼梯的那部分是相分离的。这种将我们自己区分成两部分（物质的和精神的，或肉体的和心灵的）的观点叫作"二元论"。但这种直觉上的区分存在一些问题。

灵魂是困在肉体中的囚徒，这是一种常见的想象。在这幅拜占庭镶嵌画中，灵魂的化身是一只被关在笼子里的鸟

# 心灵与身体

显然，身体对心灵或精神有所影响。当我们沮丧时，就会出现流泪、改变呼吸方式等身体表现；当我们受伤时，会感到疼痛，这种疼痛会让我们把其他一切都抛诸心灵之外。我们将身体活动分为两种，即有意识的和无意识的，因为我们发觉心脏跳动这样的不自觉活动和拥抱小孩这样的被选择动作之间有所区别。虽然我们知道大脑和神经系统的哪些部分参与了心脏跳动或给出拥抱的动作，但我们并不知道让我们产生想要拥抱小孩想法的是哪个部位。

笛卡尔认为精神存在于松果体中，松果体是埋藏在大脑深处的很小的结构（见下页图）。他不是第一个这样做的人，中国古人称松果体为"天眼"，印度教中松果体是"梵天之窗"。不过，笛卡尔还是无法解释完全非物质的灵魂如何能对物质的身体与世界造成影响。这就是笛卡尔"二元论"的问题所在，即非物质存在的事物如何能产生物质性的影响或为物质所影响？

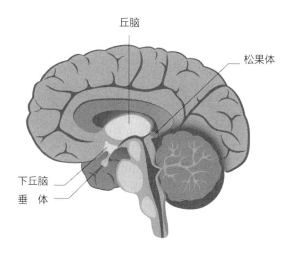

丘脑
松果体
下丘脑
垂体

## 没有灵魂?

事物不会仅仅因为它们看上去是合理的或者因为很多人相信它们,就必然成真。所以,也许身体与灵魂之间并没有真正的区别。

20世纪法国哲学家莫里斯·梅洛-庞蒂(Maurice Merleau-Ponty)反对笛卡尔对身体和灵魂的划分。相反,他将人的整体存在视为纯粹生物性的:"我就是我的身体。"伯特兰·罗素否认精神或灵魂的存在,他说心灵仅仅是由记忆、思想和经历等心理事件组成的集合体。

英国哲学家吉尔伯特·赖尔(Gilbert Ryle)认为,

我们之所以会意识到精神和身体之间的区别,是因为我们使用语言来描述身体和精神时分别使用了不同的方式。

美国哲学家丹尼尔·丹尼特认为,性格、思想、个性和意识等所有方面都是神经的效应,完全是大脑和身体的生物化学反应所创造和决定的。如果没有什么标准能从身体中区分出心灵来,那就说明人类并没有什么能将自己与其他动物区别开的特别之处。丹尼特进一步认为,生命体也没有什么特别之处,一台看起来有智能的计算机事实上就是有智能的。他在真正的机器中看到了幽灵(不过那并非幽灵,而是一种人造物)。

## 大脑是有意识的,就像水是潮湿的

美国哲学家约翰·塞尔(John Searle)认为意识是一种"涌现的属性",也就是说,当足够多的神经元聚集在一起时,就会产生意识。"涌现属性"是指只有当很多东西聚集在一起时才能检测到的东西。水的潮湿性就是一种涌现性——单个水分子不是潮湿的,但整体的水是潮湿的。同样,单个神经元很可能是无法产生意识的,但一群神经元就能产生。塞尔认为意识完全是一种物理效应，是由大脑的神经化学反应产生的，一点也不神秘或"特别"。

## 它是何时出现的？

无论我们是从神经的角度，还是从精神的角度来看待人类的意识与思维，有一个问题都是存在的，那就是它从哪里来、何时开始出现。许多宗教都用神话回答这个问题，认为灵魂是在出生时或在出生前的某个时间点进入身体的。

我们知道，人类拥有高度的意识水平，那么在个体的发育过程中，灵魂是何时出现的呢？这个问题比它表面看上去的要更为紧迫，因为回答所采用的任何理论都能反映出我们关于如何对待未出生的胎儿所持的观点，包括对胎儿的检测、采取何种医疗手段以及最明显的问题——是否可以堕胎。

人类的卵子受精3周后，胚胎的大脑和脊髓就开始发育了。如果意识是神经活动的一种涌现属性，那么可能此时胎儿就开始拥有意识。在妊娠22周左右早产的胎儿有时也能存活，这可能为意识的发育设定了时间上限。

不仅是人类个体的发育提出了这个难题。如果讨论的不是人类的精神或意识,也不是特殊的精神或意识,那么意识在进化过程中是何时突然出现的呢?需要多少神经元才能产生意识?我们可以假设意识是有层次的。或许其他哺乳动物也有快乐感和期待感,但很少有人会想象让黑斑羚或短吻鳄思考关于恶的本质、来世是否存在等问题,或者研究微积分(当然,我们没有任何证据证明它们没有这么做)。

### 拥有灵魂可以拯救你的生命

在许多社会中,意识能带来权利和责任。在抢救过程中,若有迹象表明病人尚有意识,医务人员就有充分的理由用人工辅助手段维持他的生命。在一些地区的司法实践中,睡觉时犯下罪行的人不会被判定为自己的行为负责。

过去,发疯被视为灵魂紊乱或魔鬼附身。与此相对立的情况是灵魂的强大存在产生了宗教狂热,人们却认为这很特别(尽管有时人们对这一现象有所误解)。如果一个人的判断力受到了精神疾病的影响,他就可以要求减轻自身责任,这种主张是被目前的法律实践允许的。

# 第 7 章 你以为你是谁？

你是由基因定义的，还是由工作定义的？有没有哪个稳定的事物能说明你的自我同一性？

"你不再是当年与我结婚的那个人了!"这是在一段失败的婚姻中,总有人哭喊着说出的话。"他的身体还不如他过去的一半好。"这句话有时被用于形容一个因疾病而消瘦或因人到中年而机能衰退的人。我们还是以前的我们吗?不管这里的"以前"说的是什么时候,以前的我们到底是谁?我们称之为"我"的东西到底是什么?

## 身体与船

人体是由不同类型的细胞组成的。它们不会像你以为的那样存活80—100年,它们会衰老、更替,其中有些细胞会经常更替。事实上,你每秒钟都会失去上百万个细胞。你肠道内侧的细胞一直浸泡在酸性液体中,又被半消化的食物"狂轰滥炸",所以它们总会受到重创:一个结肠细胞只能存活4天左右;肠道外壁的细胞离酸性液体很远,可以存活16年。还有一些细胞,一旦消失,就永远消失了。大脑大部分区域的神经元是永远不会更替的,所以用酗酒杀掉它们可不是什么好主意。但这种细胞是极其罕见的例外。你体内只有非常少的一部分是出生时的那个"你"。

公元1世纪时，希腊历史学家、散文家普鲁塔克（Plutarchus）通过"忒修斯之船"的悖论提出变化与永恒的问题。船的一些部件磨损时，人们就用相同的新部件将其替换掉。如果船桅断了，就安装一根新的；如果船帆破了，就再缝上一片新帆，等等。最后，原来的部件一个也没留下。这样一来，它还是同一艘船吗？如果有人用所有被换下来的部件造出了第二艘船，但第一艘船仍然是崭新的并且运行良好，此时我们绝不会认为第二艘船和与之同时存在的第一艘船是同一艘船。两个事物不能是同一个事物。在某种程度上，让这个问题变得有意义的是慢慢更换部件的做法：如果修理后的船和原来的船不是同一艘，它是在什么时候不再是同一艘的？

## 心灵与时间

我们通常不认为自己只是由细胞组成的身体组织集合。大多数人认为我们的自我同一性是一种模糊的、精神上的事物，与意识甚至灵魂有关——这种事物被称为"自我"。

英国哲学家约翰·洛克认为自我同一性完全出自思想着的心灵，这心灵在时间中持续并意识到自身。他认为，新生儿的心灵是一张"白板"，即空白的石板。随着孩子的成长，白板上随着他的经验而被写下有关自我同一性和知识的内容。

> "自我就是有意识、能思想的事物（不论它的实体是精神的或物质的，简单的或复杂的，都没关系）；它能感觉到快乐和痛苦、幸福和患难，因此，这个意识扩展到什么地方，则这个自我便对自己关心到什么地方。"
>
> 约翰·洛克

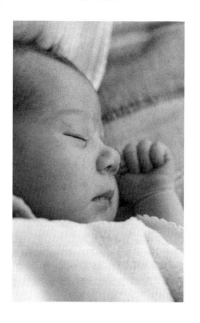

婴儿的心灵是一块白板，他的教育和自我同一性将被书写在上面。这种观点可以追溯到亚里士多德

这听上去很有道理，因为我们可以想象，即使我们遭遇了可怕的事故，只能以大脑（或心灵）的形式存活在一个完全人造的躯体中，我们也仍然是以同一个"自我"存在。但苏格兰哲学家托马斯·里德（Thomas Reid）认为洛克的解释过于简单。他认为，如果我们的自我同一性植根于过去的经验，那么当我们忘记过去时会怎样呢？里德设计了这个"勇敢的军官"的论证来证明他的观点：

"假设有一个勇敢的军官，他在上学期间因偷盗了别人果园里的果子而受到了鞭答，在参与的第一场战役中夺取了敌人的旗帜，后来又被封为将军。再假设，必须承认这是可能的，他在夺旗时，还能记得自己上学时被人鞭答；他在当上将军时，还能记得自己夺取过敌人的旗帜，但已经完全忘了自己曾被人鞭打过。"

根据洛克的观点，将军和那勇敢的军官必定是同一个人，军官和男孩也必定是同一个人，因为男孩和军官是由意识的连续性连接在一起的，军官和将军也是如此。但由于将军和男孩之间没有心理联系，他们就不是同一个人了。里德的论证揭示了洛克的定义中固有的矛盾，因为这位将军和那个在学校被鞭打的男孩既是又不是同一个人。

20世纪的存在主义哲学家认为,自我是一项不断发展的事业,不断地被它的行为定义和再定义。这与一种心理学理论相呼应,即认为人格会受到过去经历的影响,包括一些我们已经忘记的经历。但是与心理学家不同的是,存在主义者拒绝使用基因结构或过去的经历来解释我们最终将成为什么样的人。萨特坚持认为,大多数人都理解错了:我们不是在按照"本性"做出行为,而是以行为"塑造"我们的本性。如果你以自私的方式行事,你就是一个自私的人——但你可以通过明天的无私行为重新定义自己。意识的连续性不是必要的;"本性"是累积性的,建立在你当前时刻的行动之链上。

## 摆脱自我

我们已经看到,许多哲学家都认为有必要将自我同一性定位于身体之外的某个地方。但对于苏格兰哲学家大卫·休谟(David Hume)来说,自我也就是"一束知觉"而已——它没有统一性,甚至并不真正存在。在他看来,自我的概念都是虚构的。甚至"一束"也暗示自我是某种合并而来的整体,是某种集合起来的东西。似

> ### 一切都在变化,还是一切都不会变化?
>
> 在普鲁塔克担心船会发生变化之前,另一位热衷于提出悖论的人——芝诺认为,根本不存在任何变化。他这样描述箭从弓中射出后的飞行过程:在每一个时刻,箭头都占据着空间中的一个点——它既没有向那个点移动,也没有从那个点移走。时间的流动是由一个接一个的时刻组成的,但在任何一个时刻,箭头都没有移动。因此,它永远是不动的(同样,没有事物是在变化的)。德国科学哲学家汉斯·赖欣巴哈(Hans Reichenbach)认为,只有当我们认为空间和时间不同时,这个悖论才会发生;但如果我们遵循爱因斯坦的广义相对论,提出一个单一的时空连续体,那么芝诺悖论可能就不会出现了。

乎在谈论人类存在时将"自我"从人类的语言中去掉是不可能的。对休谟而言,自我是经验的集合,经验在其中零零散散地不断进出,就像忒修斯之船一样,不同的是,自我是以一种非物质的形式存在。丹尼尔·丹尼特同意休谟的观点,认为身体及其感知是我们所拥有的一切。在他看来,自我存在于大脑的神经连接中,只是一束知觉——该名称只是一种便利手段,用来帮助我们谈论自己,仅此而已。

在一些东方哲学理论中,自我是由身体产生的错误知觉,掩盖了我们是更大整体的一部分这一事实。在这些传统中,自我的存在是一种幻觉,我们最好尽快摆脱它,因为它挡在了开悟的道路上。

# 第 8 章 坏事会发生——但为什么呢?

为什么生活充满了悲伤与痛苦?是因为宇宙神秘莫测,还是仅仅因为它对万物都漠然视之?

在我们的生活中，我们觉得自己可能会遇到不幸时，偶尔还会遭遇真正可怕的事情。面对巨大的不幸，自然的反应是问"为什么是我？"或"为什么要发生这种事？"而这只是问题的开头。最难回答的是"为什么有坏事发生？"但人们很少停下来追问为什么有好事发生。

在哲学界，"为什么有坏事发生"是"恶的问题"（the problem of evil）的一部分，是反对上帝存在的最有力的证据之一。该问题的基本内容是伊壁鸠鲁（Epicurus）在公元前3世纪提出的。他问道："如果上帝愿意阻止恶，却无能为力，那么他就不是全能的；如果上帝有能力阻止恶，但不愿意阻止，那么他就是恶毒的。如果他既能阻止，又愿意阻止，那为什么还有恶存在呢？"

## "为什么？" vs "为什么不？"

总的来说，对"坏事为什么会发生"这个问题有两种可能的答案：

- 它们的发生是为了一个更伟大的目标
- 它们的发生没有原因

第一种回答需要"外在的"某个事物或某个人设定目标。让我们把这个设定目标的事物叫作上帝——一种至高无上、无所不能的存在。第二种回答更难对付。如果一切顺遂,即使知道坏事可能会无缘无故发生,你也会觉得无所谓;否则你可能会陷入徒劳的旋涡,感到无力和恐惧。

## 更伟大的目标

许多宗教都有一个重要信条,就是一个控制一切的神设计了某种伟大计划,我们哪怕只瞥见它一眼,就能解释世间一切发生的原因。宗教倾向于暗示上帝是善良的——从一个邪恶的上帝那里恐怕得不到太多慰藉。但是,为什么一个善良的上帝会允许坏事发生呢?

如果上帝是仁慈的,这就暗示即使是最灰暗的乌云里也潜藏着一线希望,或者我们以为不好的事情其实可能并不是真正的坏事——它们看起来不好,只是因为我们没有看到更大的图景,有了这个图景,一切就会变清楚了。又或者,神是在用逆境来考验我们,给我们灵魂成长的机会。(你可以把这当作黑暗中的一线光明。)

## "真理部"版本——坏的就是好的

在乔治·奥威尔（George Orwell）的小说《1984》（1949年出版）中，极权国家有一个"真理部"，它定义了什么是"真理"，什么不是"真理"。"坏的就是好的"是该部门的口号之一。圣·奥古斯丁认为，上帝能从恶中带来善："既然上帝是最高的善，他就不会允许任何恶存在于他的工作中，除非他的全能和善能从恶中带来善。"

这不是一个有力的哲学论证，因为它以上帝"不允许任何恶存在"的假设开始并用它来证明恶并非真正的恶。如果我们能从上帝的角度看待事物，就会明白坏事并不是真正的坏事，而是更大好事的一部分。不幸的是，我们不能从上帝的角度看待事物，所以我们只能这么相信了，而相信这一点其实很难。

心怀好意的朋友在听到别人的不幸时，偶尔会说出"我们所遭遇的都是我们能承受的"之类的话（这显然是不正确的，居然有人会这样说，真是令人惊讶）。他们是基于这样一种想法，即有什么人或什么事物正在设置考验或磨炼，也许是为了让我们更加强大。

英国牧师、政治理论家托马斯·马尔萨斯（Thomas Malthus）认为，恶的存在可以激励我们的行为，促使我们寻找避免恶、纠正恶的方法："恶存在于这个世界并不是为了制造绝望，而是为了制造行动。"

## 上帝没在看着

当然，可能存在一个有着宏大计划的上帝，但同时他对作为个体的人类不感兴趣。这个计划可能包括诸如创造一种用于实验目的的生物。就像生物学家培育果蝇来做遗传学实验一样，神明也可以如此培育人类，作为某种宇宙科学实验的一部分。在这种情况下，个体或群体的痛苦没有特定的目的，它只是实验过程中出现或强加在人类身上的某种东西。

还有一种选择是，上帝可能不想干涉人类的事务，也可能没有能力干涉。有可能上帝让宇宙开始运转起来，但现在宇宙仅仅凭借自己而运行。这种将上帝看作一位神圣的钟表匠的观点是由艾萨克·牛顿等人提出的。如果世界遵循自己的法则自动地运行，那么坏事的发生是因为它们是已经发生的其他事情的结果，或者是因为设计上的缺陷，没有明确的目的。这样一来，情况就像上帝根本不存在一样了。

还有一种可能是由那些因灾难而产生幻灭感、但仍然坚持上帝存在的人提出的，他们认为上帝或对人类漠然视之，或有意作恶。没有理由认为这不可能是真的，因为邪恶的上帝和仁慈的上帝一样可能存在。

## 坏事已经最少了

1710年，戈特弗里德·莱布尼茨（Gottfried Wilhelm Leibniz）提出了一种被称为乐观主义的观点。在哲学术语中，乐观主义意味着最优性，即一切已经尽可能地达到最好了。上帝创造了最理想的世界——在他所创造的众多可能世界中最好的一个。好像上帝有些被缚手缚脚，他想创造一个没有恶、没有饥饿、没有携带疟疾的蚊子的世界，但出于这样或那样的原因，他做不到。所以这就是我们所生活的世界的样子，并且我们可以放心，世界不会比我们所拥有的更好了。

伏尔泰在他的中篇小说《老实人》中讽刺了这一观点。很容易看出，小恶或小麻烦可能是一堆坏事中的最佳选择。但回顾历史,很难想象还有什么是比大屠杀或黑死病等灾难更糟糕的选项。

## 所有可能的世界中最好的一个?

在伏尔泰(Voltairo)所写的这个讽刺故事中,年轻的甘迪德从他乐观且在哲学上具有乐观主义倾向的家庭教师邦葛罗斯那里得到了这样的教导:"这是所有可能的世界里最好的一个,一切都是最好的安排。"甘迪德不断遭受着可怕的苦难,这让他开始质疑老师的智慧。最终他经受住了考验,在摆脱了理想主义观念的简单生活中获得了内心的平静。伏尔泰对当时社会弊病的尖锐批评表明,盲目追随他人的哲学信念是危险的。

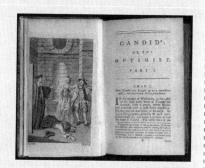

## 都是你的错

一些东方宗教认为，我们在不断地轮回转世，同时我们的灵魂在朝着开悟而奋斗。今生发生的一些事情是你前世行为的结果，只不过你不记得前世的肉身，罪行与惩罚是完全分离的。

> "我们之于神明，如同苍蝇之于顽童，他们以杀死我们为消遣。"
>
> *威廉·莎士比亚*（William Shakespeare），*《李尔王》，第四幕，第一场*

## 没有理由

德谟克利特（Democritus）写道，一切都是由原子的行为造成的。这一非常现代的观点得到了量子物理学的证实。量子物理学认为宇宙中的一切都遵循物理定律，这些定律一直都是不变的，所以一切都是可以预测的，只要我们有预测它的知识。因此，坏事和好事的发生都是必然的。物理必然性不是目的，而是事情发生的原因。

如果每件事情都是必然发生的，没有控制一切的神明，你也不必为前世所做的事情赎罪，你就会得出一个令人不安的结论：事情的发生只是因为它们发生了。没有支配命运的事物，没有至高无上的审判员，这个世界并不在乎什么会发生在我们身上。生活是不公平的，而我们指望它公平是个不合逻辑的想法。

# 第9章 一报还一报——果真如此吗?

好(或坏)是否会回馈给那些做好事(或坏事)的人?

当有人对你不好时,"一报还一报"这个想法可以给你安慰;换句话说,不好的事情将会发生在那些轻视或侮辱我们的人身上。但这种信念有什么凭据吗?

## "业力"的概念

"业力"(karma)这一概念源于印度教,它的字面意思是"行动"或"行为",但它也与行为和结果所组成的系统有关。"业力"的一般原则是:如果我们做好事,就会走运;如果我们做坏事,就会受苦。这是一种广义的因果关系学说,它不是将一种行为与其结果直接联系起来,而是认为善与恶可以随着时间而展开。基督教信仰中类似的说法是:"人种下什么,就会收获什么。"(《圣经·加拉太书》,6:7)

"业力"指的是你之前的转世以及你现世作为人类的行为,这与印度教关于轮回的信仰是一致的。它的观点是,如果你一直都是善良的,包括在你现在的生活中以及前世可能作为蜗牛、熊猫、水母或者别的什么生物时都一直是善良的,那么你就会获得回报,过上快乐的

这幅印度热那克普耆那教寺庙的雕刻作品上有诸多的结,代表了相互联系的业力法则

生活。如果你此时此刻真的是个好人,却触了一连串的霉头,一个有用的借口是:这可能是你前世作为人、蜗牛、熊猫或水母时所做的邪恶行为的报应。

"业力"有不同的版本。包括印度教在内的一些宗教都有一个可以分配"业力"的神;另一些人则认为它是一种世俗的因果学说。恶业是一种"黑暗物质",如果我们不悔改,它就会在另外某个维度中积累起来。只有清除恶业,我们才能开悟。由于生病可以消耗恶业,所以有些信徒不吃药。在耆那教中,单单恶念就可以产生恶业,甚至不需要付诸行动。

## 别捣乱

19世纪的德国哲学家弗里德里希·尼采定会认为，"业力"是一种"奴隶宗教"，因为它让人们居于从属地位。如果他们表现良好，就可以期待随后的奖赏；如果不幸降临在他们身上，那就是他们前世自找的。他们将不会有动力争取更好的待遇（甚至虐待也是天赐良机，因为它有助于消除恶业），却有充足的动力去选择听话、服从和善良。

其他宗教也认为，现在的痛苦会在死后得到幸福的回报，而那些现在享受世间快乐的人在来世将为此付出高昂的代价。这类似一种等价交换系统，但就像转世一样，后果与行为基本上是分离的，无法得到证实。

## 快速见效

在民间智慧中，"一报还一报"还有一个更加集中于短期回报的含义：如果我们对别人好，别人也会对我们好；如果我们对别人不好，我们迟早会遭殃。这可能是一个可以安慰人的想法,而且毫无疑问其中有些道理。那些总是苛待他人的人,更有可能受到无情的对待,因为我们会对那些对自己好的人更加友好。但这并不是普遍真理。我们都知道,有些人连着对好几任伴侣都不怎么样,但仍然找到了下一任;或如某些职场"恶霸",他们不知何故取得了成功,甚至还交到了朋友。

我们坚持公平这一概念,即使没有发现它在世界上得到过完全的体现。当我们受苦时,似乎别人也受苦就能体现"公平",或者日后自己获得更多的财富也能体现"公平",所以我们试图让这些愿望合理化。

## 命运之轮

5世纪的罗马哲学家波爱修在他的著作《哲学的安慰》中描述了事件的随机性。他在书中描写了一个叫"命运"的寓言人物(总是一个女性形象),她转动着一个巨大的轮子,就像游乐园中的摩天轮一样,而人类被绑在上面。有时人在高处(享受好运),但他不可避免地也会陷入不幸——"升上去的必然会降下来"。在中世纪,命运的反复无常成为一个流行的修辞,尽管它最早出现在公元前2世纪的罗马。

命运之轮不会根据人们以前的行为给予奖惩。相反,除了转动轮子的比喻所要说明的道理——在顶端的人总会落下,而那些在底部的人总会上升——之外,命运要眷顾和毁灭人的时候是反复无常的,命运女神可以将轮子转得或快或慢,只要她喜欢。

> "哲学家们说,'命运'是疯狂、盲目、愚蠢的。他们教导说,她正站在一块摇摇晃晃的球形岩石上;他们断言,只要一推石头,她就会朝着推的方向跌落;他们反复说她是盲目的,因为她看不见自己的方向;他们说她很疯狂,因为她残忍、脆弱、反复无常;他们说她愚蠢,因为她分不清什么是值得的,什么是不值得的。"
>
> 巴库维乌斯(Pacuvius)

## 谁在转动轮子?

任何相信上帝在干预人类事务的人都可以相信有人在按照"业力"的要求给予奖励和惩罚。在那些不相信上帝对此有兴趣的人看来,转动轮子的只是某种因果机制,这种机制可以惩罚作恶的人,奖励行善的人;或者

> "命运女神对待她想要蒙蔽住的人时，总是最友善、最迷人的，直到她在最意想不到的时候抛弃他们，用难忍的悲伤压倒他们。……你是在试着停下她转动轮子的力量吗？啊！愚蠢的凡人，若命运女神静止不动，她便不再是命运女神了。"
>
> 波爱修

存在的是某种精神上的平衡作用，它与原始印度教的"业力"理论相一致，我们思考它时最好将其比喻为水的循环——它是永恒的、自然的，也并不关心它对个体的影响。

另一种选择是不相信命运之轮这种图式的存在。在有着人类相互作用的有限领域之外，几乎并不存在因果效应。某些鲁莽或谨慎的行为可以影响我们的机运，造成或好或坏的结果，但没有人可以为自己的命运做担保。不论在生命中的哪个时刻，你都可能患上癌症、发生意外或失去所爱的人，而这一切都不是你的错。你可能会在一年内经历所有这些事情，也可能永远不会经历。同样，你也可能会在同一年内坠入爱河、抽中头彩并获得诺贝尔奖提名。

## 真是荒谬

荒谬主义这一哲学概念，是指人类在宇宙中寻找意义，而其所面对的宇宙最终毫无意义。它始于丹麦哲学家克尔凯郭尔和法国存在主义哲学家阿尔贝·加缪（Albert Camus）的工作。它采纳的观点与"业力"或命运之轮完全相反，不认为有超越物理因果关系的模式发生在我们身上。所以，不管你是个对老人很慷慨、对邻居也很和善的人，还是个从老人那里偷东西还炸了邻居的房子的人，你得癌症或坠崖的可能性是一样大的。那么你为什么要做个好人呢？也许是因为做好人能让你自己感到快乐？

# 第10章 买一部新的iPhone会让你幸福吗?

幸福体现在消费中吗?
真正的幸福可能吗?

什么能让你幸福？购买奢侈品，比如买辆昂贵的汽车？躺在沙滩上喝鸡尾酒？听音乐？帮助别人？追求幸福是人类永恒的目标。但什么才能真正让我们幸福，我们又该如何实现它呢？

我们需要弄清楚什么是幸福。在哲学上，幸福可以指健康快乐，过上好的生活（至少在过着这种生活的人看来是好的），也可以指一种心态。

## 首先，请定义"幸福"

阿比盖尔在一个救灾慈善机构工作，她每天都在帮助那些失去了一切的人重归生活。她的生活条件很差，每天在睡觉前都感到精疲力竭，而且还会因她所看到的悲剧而心碎。但她的工作可以救人。她认为自己过得很好，不会改变自己的生活。

琼喜欢看真人秀节目。她每天躺在沙发上看电视，吃着自己最喜欢的甜甜圈。她有很多钱，想做什么就做什么。她从来不会忍饥挨饿，也不用工作；她从不考虑别人所遭受的苦难，每晚都心满意足地上床睡觉。

她们谁更幸福？谁在过着好的生活？

## 高兴的原因……

当人们询问自己如何才能幸福时,他们的意思通常不是想要短暂的快乐,而是想知道如何过上一种令人满意的和(或)符合他们对"好生活"的理解的生活。这是很主观的问题,因为我们对"好生活"有着不同的看法。充满快乐的生活并不一定就是好的生活。至少有3种通往幸福的途径:享乐之路,指拥有许多愉快的经历;满意之路,指对自己的生活感到满意;心态之路,包括得到肯定或情绪高涨。

## 美酒、女人与歌

享乐主义的观点认为,幸福存在于快乐的体验中。这种观点最早出现于昔勒尼的亚里斯提布(Aristippus of Cyrene)的教导中。昔勒尼学派认为快乐是唯一的善,他们的生活方式是纵情享受每一种可能的快乐。他们确实给出了一些判断方法,认为一些快乐几乎立刻会招致痛苦,而这是应当避免的。即使是昔勒尼学派的人也不会为了稍纵即逝的飞行的快乐而跳下高楼。总的来说,他们认为肉体的快乐比心灵或精神上的快乐更重要。所以，如果你想在古希腊度过一个疯狂之夜，亚里斯提布就是你要找的人。

伊壁鸠鲁的观点则更为审慎。他提倡美食、美酒、音乐以及其他形式的感官享受，认为它们是幸福之源，但他也警告说，享受不应是不加区分的彻底的享乐主义。他的名字流传至今，还成了一个形容词，用来形容喜欢美食、享受生活的人。与昔勒尼学派不同，伊壁鸠鲁学派讲究品位与修养。伊壁鸠鲁认为快乐存在于适度的生活之中。他的个人爱好非常温和：他喝的是水，吃的大多是自家种的蔬菜，和朋友们一起居住。这让他们之间产生了大量充满智慧的和谐对话并让他们获得了解放，不必在雅典为不喜欢的人做不快乐的工作了——真的有点像嬉皮士向往的田园生活。

伊壁鸠鲁对幸福进行了严肃的思考。他认为，一旦食物、住所和健康等基本的生理需求得到满足，幸福生活所必需的基本"物品"就是友谊、自由和思想（智识上的刺激与对话）。他认为想要美食、华屋以及财富的其他外部象征物是自然的，但没有必要。他还认为对权力和名声的渴望是不自然的，所以在《英国偶像》上获得冠军并不会让他感到幸福。

## 明白什么是你想要的

看待幸福的另一种方式是欲望的满足。这和拥有愉快的经历是不一样的,尽管它可以包括后者。如果你总是因为找不到喜欢的工作或没有和别人建立起你想要的关系而感到沮丧,那么你是不可能幸福的。你可能会因为一段享乐主义的经历感到稍纵即逝的快乐,但总体上的不满足将意味着你认为自己是不幸福的。我们想要的东西不尽相同,所以一个人可能会对另一个人讨厌的生活感到满意。要想知道你是否满足,你就要明白你所渴望的到底是什么。

> "追求享乐的生活只适合于野兽。"
>
> 亚里士多德

## 幸福的愿望单

还有一种对幸福的看法被哲学家称为"目标清单"。这种观点的个性化程度较小,因为它列出了哲学

> **关于那部 iPhone……**
>
> 如果你有一部 iPhone，你的生活会变得更好吗？如果你没有，你的生活会更糟吗？你想要一部 iPhone，是想用它和朋友交流、使用它的功能，还是因为人人都想要 iPhone，而你有了它会看上去很酷？卢克莱修（Lucretius）在公元前 1 世纪就曾抱怨说，人们想要的是大众的意见，而不是自己的判断。他那会儿甚至还没有 iPhone 呢！

家们所认为的所有人的幸福或好的生活所必需的东西。举例来说，伊壁鸠鲁的清单包括友谊、自由和思想。他觉得，任何人只要拥有这些就会过上好的生活。亚里士多德认为，所有的事物都渴望实现其功能，或做它们最适合做的事情。我们可以将此理解为"实现自己的潜力"。在他看来，人类所擅长的——也就是他们的功能——是理性思考，所以当人们过着理性的、有美德的生活时，他们就是最幸福的（或者说是"过上了好的生活"）。

伊壁鸠鲁认为，那些喜欢对自己有害的事物的人，如酗酒、懒惰等，并不是真正幸福的人。那些没有理性思考能力的人还有一个选择，即过一种道德高尚的生活。亚里士多德认为，幸福是我们唯一因其本身而渴望的事物。我们可能还要其他东西，比如财富、友谊和健康等，但我们想要它们只是因为我们相信它们会让我们幸福。

## 以后的幸福

在宗教中，即使现在发生的事不是太好，也总是有对死后永远幸福的承诺。这在困难时期可能是一种安慰，但它与真正的幸福是不一样的。根据圣·托马斯·阿奎那的看法，地球上只能实现不完美的幸福，而这种幸福的最好形式来自沉思，即精神上的反思与敬拜。我们并非所有人都能做到这一点，至少不是在所有时间都能做到，所以还有一个稍微不那么好的选择，那就是过一种积极但美好的生活——一种对他人有益、讨神喜悦的有美德的生活。

避免不幸与幸福是一回事吗？在生活非常艰难的时候，避免不幸似乎是我们所能希望的最好选择。一些东

### 钱能让你幸福吗？

有更多的钱就有更多的幸福，这样你就能买你想要的东西、做你喜欢的事，少些工作、少些负担。这个想法很吸引人。但各种研究表明，事情没有那么简单。在一定程度上，收入的增加确实与幸福感的增加相关，但收入达到某个数字之后就不再起作用了。这个数字不是特别高——一项研究指出为年收入 7.3 万美元（约 47 万人民币），另一项研究则认为是年收入 16.1 万美元（约 104 万人民币）。这足以满足人的基本需求，消除焦虑，但幸福似乎不会因为金钱的增加（例如有钱购买游艇和私人飞机）而增多。拥有比别人更多的钱看上去会让我们更幸福，但这只是令人沮丧地反映出了人性而已。中彩票的美梦也不能解决问题。突然变富的人可能会在短期内感到自己比别人幸福，但很快幸福感就会回到以前的水平。

方的宗教与哲学提倡超然，鼓励我们向后退一步，观察并认识发生了什么以及我们对此的感受，但不让自己被事件和感受支配。

古希腊的斯多葛学派持有相同的看法，我们无法阻止自己感到痛苦、失望，但我们可以限制这些感受对我们平衡心的影响。用现代的说法，这类似于"正念减压法"①。但如果这种方法有助于减少消极事件与消极感受的影响，它也一定能减少积极事件和积极感受的影响。也许，你是否应该采用正念减压法取决于你是期待好事还是坏事降临到你头上。

圣·托马斯·阿奎那说过："每个灵魂都渴望幸福和意义。"

## 美德使你幸福

我们已经看到，亚里士多德将有美德的生活视为通往幸福的道路——但"美德"是一个模糊的词。亚里士多德形象地设想出了一个光谱，将所有类型的行为都置

---

① 以正念禅修处理压力、疼痛和疾病的方法，是用来缓解压力的一套严格、标准的团体训练课程。——译者注

于其上。恶位于光谱的两端，美德位于中间的中庸之点。"勇敢"的美德居于"怯懦"和"鲁莽"之间，"慷慨"则是"吝啬"与"挥霍"之间受人欢迎的一个中间点。许多哲学家都认同这种观点。

这个理论还认为，如果我们过着有美德的生活，多变的命运在一定程度上就不能打扰到我们。这并不是说不幸不会触碰我们，而是说我们变成了自身安全与满足的来源，如此一来命运所产生的最坏结果就不会影响到我们。德国哲学家叔本华怀疑人类的幸福是可能的，但他说道，如果幸福是可能的，那它就是生命的意义。

> "（美德是）一种坚定而持久的意志，它能使我们所评判的最好的一切成为现实，并且能运用我们智慧的全部力量做出正确的评判……在我们能拥有的一切善中，（它是）唯一一个完全取决于我们的自由意志的善。
>
> "（幸福是）心灵的完全的满意和内在的满足……是智者在没有命运眷顾的情况下获得的。……如果从实践美德中得不到任何满足和快乐，我们就不可能实践任何美德，也就是做我们的理性告诉我们应该做的事情。"
>
> 勒内·笛卡尔

他认为与人类幸福有关的因素有3个：你是谁、你所拥有的财产和他人对你的看法。其中第一个是最重要的，但后两个是大多数人更关心的。他们终将发现你所拥有的财产和他人对你的看法根本就不重要，但往往为时已晚。

## 这杯水是半满的还是半空的？

乐观主义者的标准定义是那些认为杯子是半满的人；而悲观主义者会认为同样的一杯水是半空的。这个基本的区分可以对你的幸福水平和你会如何体验生活产生巨大的影响。悲观主义者通常行事谨慎，规避风险，觉得事情不会成功；乐观主义者则会冒着风险期待好结果出现，更有可能遭遇成功和失望的起起落落。有些人喜欢平静的生活；有些人则渴望兴奋的生活。两种生活方式都能带来幸福。

# 第11章 你想长生不老吗?

我们一生都想远离死亡,
但永生会不会是一个更糟糕的选择?

大多数文明都有着"永生族"的故事。永生族是指长生不老的人，比如吸血鬼。但永生真的是个好主意吗？

## 死亡有什么好处？

宗教人士常常建议我们在面对死亡时冷静地接受它，听天由命并为"善终"做好精神准备。为什么呢？当然，有些老年人已经准备好了迎接死亡。但是很多人，尤其是年轻人在面对死亡时，还没有做好准备。而且正如迪伦·托马斯（Dylan Thomas）所说，愤怒地"抗拒光阴的消逝"才是自然的反应。我们愤怒、抗拒，因为我们还有事要做、还有人要爱、还有话要说。我们不想把自己的时间用完。

1927年，德国哲学家马丁·海德格尔写道，对必死命运的认识压迫着人的意识。他把"此在"——字面意义上即"在此存在"，视为个体在世界上的状态。他说，我们为时空环境所定义并受其限制。这种时空环境的一个方面就是我们生命的有限性。生命是有限的，知道这一点会导致焦虑（"畏"，*angst*）和恐惧。海德格尔不相信上帝，但即使他相信，上帝在这个体系中也无关紧要。我们仍然不得不为如何度过在地球上的时光做出选择，而且这选择还得是明智的，因为我们没有第二次机会。死亡以一种神奇的方式将人的思想集中了起来。

对必死命运的意识迫使我们在什么是重要的事情上做出抉择并专注于此。海德格尔区分了本真的和非本真的生活方式。本真的生活方式是按照我们自己的价值观和选择来生活；我们也可以让自己被所处境况左右，那是一种非本真的生活。不过当我们自己选择走上阻力最小的那条路时，它也是一种本真。如果像吸血鬼一样，

> "这就是我们的诅咒，如果你愿意这样想的话。我们太聪明了，它就是我们为此而付出的代价。我们不得不在活着的时候知道最坏的事情也有可能发生，而且终有一天会发生。……我们每个人都生活在自己的末日阴影中。"
>
> "（逃离死亡）是人类成就的基础：它是宗教的源泉，哲学的缪斯，我们城市的建筑师以及艺术背后的动力。"
>
> ———
>
> 英国哲学家斯蒂芬·凯夫（Stephen Cave）

> "可是在我背后我总听见,时间带翼的马车急急追赶;而横陈在我们眼前的,却是无垠永恒的荒漠。"
>
> 安德鲁·马维尔(Andrew Marvell),《致羞涩的情人》

有永恒的时间来实现自己的抱负,那这些抱负就不是真正的抱负了。任何事情都不会被选择排在其他事情之前,所以什么都没有意义——你有足够的时间做完所有的事。正是对死亡的明确认识赋予了生命以意义。

## 坏消息

对长生不老或至少活得更久一点的追求或许与人类历史一样古老。千百年来,魔法师和科学家们都在寻找能让人长生不老的灵丹妙药。如今,我们有护肤霜、美容药和补品,它们向我们保证会让时钟"停"下来,使我们容颜永驻。对于特别有钱的人来说,低温保存人体也是 种方法,这种方法或许可以将人体保存

> "'明天,'蟾蜍说,'我明天再做'。"
>
> 阿诺德·洛贝尔(Arnold Lobel),《与青蛙和蟾蜍在一起的日子》

下来并等到未来某天复苏。

许多宗教都给出了死后永生的承诺。这种对来世美好的许诺在过去可能比现在更迷人。当大多数人忍受着充满痛苦和艰辛的短暂生命时,一个能减轻他们所有苦难的来世一定很有吸引力。今天,尽管我们中的许多人都活得更舒服、寿命

> "死亡对我们来说不算什么。因为当我们在时,死亡就不在;当死亡来临时,我们已经走了。"
>
> ———
>
> 伊壁鸠鲁说,对死亡的恐惧是自然的,但不是理性的

有人斥巨资冷冻他们死后的身体,甚至只冷冻大脑。他们的想法是,当导致他们死亡的原因被人类克服时,他们就将被解冻,然后继续活着。你想生活在一个你所爱的人都已去世很久的新世界里吗?为什么未来的人想要解冻21世纪的人呢

更长了，但永生的诺言仍未实现。取而代之的是，我们希望通过传宗接代或给未来留下代表性作品的方式继续活下去。

## 活着有什么好？

伯特兰·罗素说过："所有时代的劳动，所有的奉献，所有的灵感，人类天才如日中天的光辉，都注定要在太阳系的大灭亡中消失，而整个人类成就的殿堂必将不可避免地被掩埋在一片废墟之下。"据说，罗素曾被一位伦敦市出租车司机反问道："那又怎样？"罗素可能不是请教这个问题的最佳人选。但如果我们都将死亡，一切都化为尘土，活着还有什么用？这是荒谬论者面临的问题。

> "人类存在的奥秘不在于活下去，而在于找到活下去的理由。"
>
> 陀思妥耶夫斯基（Dostoevsky）

可以用两种方法来探讨人生意义的问题。一是问人生是否需要意义，二是尝试指出一个意义。我们可以列出人生所有可能的意义，但大多数哲学家都以某种方式表达我们不知道人生是否有意义，所以让我们以最好的方式去生活吧。加缪认为，我们必须在不知道为什么活着的情况下活着，同时他一针见血地指出，哲学唯一真正重要的问题就是："人为什么不自杀？"

如果你觉得生命有意义（也许是从宗教信仰中得来），那你就不会问这个问题了。如果你觉得生命无意义，你可能会选择最常见的哲学答案——做真实的自己、过美好的生活、做正确的事情。一个东西"好"在哪里要看我们如何理解它。

> "死亡不是生命中的一件事：我们不会活着体验死亡。如果永恒不是被理解为无限时间的延续，而是被理解为无时间性，那么此刻活着的人，也就永恒地活着。我们的生命没有终点，正如我们的视野没有界限。"
>
> 路德维希·维特根斯坦

"清楚地意识到自己生来就要打一场必输的战斗,这并不会让人感到绝望。我特别不喜欢这个念头:有一天某个人拍了拍我的肩膀,告诉我,派对还没有结束,它肯定还在继续,只不过以后你将缺席这场派对了。(这只是我第二不喜欢的。我去世后的第二天,报纸依然会照常出版,那一版报纸更令我悲伤。)更可怕的是:主人宣布派对将永远举办下去,而我不能离开。不管这派对是糟糕透顶,还是妙不可言,当它变成永恒的、强制的那一刻,就是它开始令人厌烦的时候。"

克里斯托弗·希钦斯(Christopher Hitchens)

## 第12章 信不信上帝是你能选择的吗?

是你选择了信仰,还是信仰选择了你?
如果信仰不是一种选择,我们为什么还会因信仰而被奖赏?

当我们提出"上帝存在吗"这个问题的时候,理性会回答"否",而信仰会回答"是"。还有一个关键问题在于,你能否选择信仰。

## 帕斯卡的赌注

帕斯卡的赌注是最著名的哲学命题之一。帕斯卡在面对上帝存在的不确定性时,如此权衡相信与不相信的成本和收益:

- 如果上帝不存在,而我们选择相信他,那么我们就过着有道德的生活,只是会浪费时间做毫无意义的祈祷并在死后化为乌有
- 如果上帝存在,但我们选择不相信他,那么我们可以过几年放纵的生活,然后失去不朽的灵魂,遭遇永恒的折磨并坠入地狱。换句话说:"如果你赢了,你将赢得全部;如果你输了,你将什么也不会失去。"

权衡来看,如果你敢悍然不相信上帝,但后来又发现上帝真的存在,那你就失去了永恒的赏赐。相比之下,

> "如果我看不出神性的一丝踪迹,我会坚定地选择否认;如果我到处都能看到造物主留下的印记,我会在信仰中安然入睡。现在我所看到的,没有少到能否认上帝的地步,但又不足以保证他存在,所以我落入一种可怜的境地。我千百次地希望,如果上帝在维系着自然,他能不能明确地揭示自己?"
>
> 布莱士·帕斯卡,《思想录》

每天花几个小时祷告、行善是个安全得多的选择。但这个问题的答案如此简单吗?信仰是一种选择吗?也许对帕斯卡来说,正因他心存怀疑,这个赌注才足以激活他自己"信仰"的那部分并压制住"不信仰"的那部分。然而,从"不信仰"的立场出发选择信仰,这是可能的吗?

## 生于信仰中

过去,这个问题很简单:如果你生活在欧洲,你会出生在基督教或可能是犹太教的信仰传统中。世界上有许多地方仍然保留着类似的宗教传统仪式。有些人并不怀疑上帝的存在,如同他们不怀疑空气的存在;他们选择信仰,就如同你我选择呼吸。

> **你在选择哪个神？**
>
> 在 100 年后，德尼·狄德罗（Denis Diderot）指出帕斯卡的赌注存在一个严重的缺陷。帕斯卡不仅要选择是否信仰上帝，还要选择信仰哪个上帝。如果选错了神，不仅花在祈祷上的时间被浪费了，他还会受到永恒的诅咒。

## 被迫的选择

小说家亨利·詹姆斯（Henry James）的哥哥威廉·詹姆斯（William James）认为，信仰上帝与否是一种"被迫的选择"，即一种我们必须做出的选择，而且只有肯定或否定，没有可行的中间立场。他认为生命中到处都是选择，有些选择是被迫的（必须做出的），有些选择是重大的（能对生活产生巨大影响）；信仰上帝与否这个选择，既是被迫的，也是重大的。他认为人们没有理由会选择不信，因为宗教能给人的生命以目标，道德框架、心理结构以及诱人的来世奖赏。

## 理性和信仰各司其职,还是理性为信仰服务?

理性与信仰之间存在着一种紧张的关系。一些思想家认为,对上帝的信仰是完全合乎理性的并尝试以理性论证捍卫上帝的存在。那么在哲学上是否存在一个强有力的论证来证明上帝的存在呢?神学家、哲学家圣·安瑟尔谟(St Anselm)是第一个提出上帝存在的本体论证明的人。这个论证的基础是"上帝是一个完满存在",而这个观点本身就是上帝存在的证明:"我不是理解了才信仰,而是信仰了才理解;因为我相信:除非我相信了,否则我绝不会理解。"后来伏尔泰提出了相反的观点,他认为信仰是一个理性问题:"什么是信仰?是相信显而易见的事物吗?不是。在我看来,上帝的存在完全是显而易见的,一个必然的、永恒的、至高的、智慧的存在是存在的。这是个与理性相关的问题,无关信仰。"

但是"在我看来,上帝的存在完全是显而易见的",这句话本质上是一个信仰的主张。一个事物可能是"显而易见的",但只有通过理性论证才能证明它是"合乎理性的"。之所以为上帝存在给出逻辑上的论证,唯一目的就是说服那些没有信仰的人,或者信仰不坚定的人,如像帕斯卡那样的人！不过客观公正地看，伏尔泰相信宇宙是由不变的法则（我们称之为物理定律）支配的，虽然我们尚且不能解释这些法则，但它们从本性来说是可解释的。所以，他对上帝的信仰更多是将上帝看作一个超出了当前理解能力的理性对象，而不是将其视为一种无法形容的神秘存在。

16世纪早期的荷兰人文主义学者伊拉斯谟（Erasmus）强烈抨击教会组织，认为教会用不必要的仪式和规矩模糊了宗教信仰。他曾经批评道，牧师们能就系鞋带时应该打多少个结这个问题一路吵到地狱去。伊拉斯谟认为，简单而直接的"发自内心的敬拜"就是所有必需的东西了，宗教的基础必须是对上帝的确信，还要有对敬拜上帝的迫切愿望。他将对上帝的信仰视为一种"荣耀的愚蠢"（glorious folly）——说它愚蠢是因为，即便对上帝的信仰看上去与理性相对立，它仍然被认为是正确的。对上帝的信仰超越了科学，超越了理性，是对一种直接感知到或理解到的真理的简单明了的肯定。克尔凯郭尔也认为相信上帝存在是一种"信仰的飞跃"（a leap of faith），它恰恰处于理性的对立面——如果我们能解释上帝，我们就不需要信仰，相信上帝存在就没有意义了。

# 你能尝出来奎宁水[①]的味道吗?

这给那些不信仰上帝的人没留下多少选择。这个问题是不是与能不能尝试奎宁水的味道有些类似?有的人能尝出奎宁的苦味,有些人却尝不出。这是由于基因差异。如果你尝不出,那你就永远尝不出。信仰是不是也一样?如果你不是自然而然地拥有信仰,那你会被天国拒之门外吗(假设有天国的话)?许多宗教教义都认为,如果一个人没有信仰,做出再多善良的行为、拥有再多仁慈的念头也无济于事。约翰·加尔文和他的追随者相信,上帝已经选好了那些将要得救的人。但是根据一些更宽容的说法,我们都还是有机会的。

现代人对宗教的主流态度(尤其在西方),是将宗教视为个体与上帝之间的私人问题,有时还需要一个居间的宗教领袖。德国哲学家弗里德里希·尼采(Friedrich Wilhelm Nietzsche)反对宗教,尤其是基督教,认为宗教是一种在公共生活中回避重要社会问题的策略。在他看来,宗教通过宣扬贫穷、谦逊、温顺等让人居于从属

---
① 奎宁水:一种汽水类的软性气泡饮料,使用以"奎宁"为主的香料来调味,带有一种天然的植物性苦味。——编者注

地位的美德，为压迫穷人的社会制度背书。他称这些美德为"奴隶道德"，因为这些道德的"善"有一个特点，就是让人容易受到剥削。奴隶们没有胆量反抗，因为他们被说服了，认为现有的生活方式能为来世带来好处，而在尼采看来，来世是不存在的。

精神分析学家西格蒙德·弗洛伊德（Sigmund Freud）也认为宗教暗藏着更深层次的动机，不过他所说的是潜意识，这种潜意识总想寻找到一个舒适与滋养的源泉。他认为，人类渴望有一个"父类形象"（father figure）来"让人与残酷的命运达成和解……并补偿他们在文明生活中所遭受的痛苦"。根据尼采和弗洛伊德的观点，驱使人们走向上帝的不是理性或信仰，而是在面对虐待或痛苦时找到能让自己满足的借口的需要。他们不假思索地抓住了宗教这根稻草，但推动他们的不是信仰，甚至也不是选择。

对于一些科学家而言，宇宙令人难以置信的复杂性让他们朝信仰走得更近，而不是更远，因为他们认为这一定出自一位有智慧的造物主之手

# 第13章 狗有灵魂吗?

你是否曾在盯着狗的双眼时觉得它肯定有灵魂?

## 什么是灵魂？

有宗教信仰的人通常将灵魂视为人类与神或造物主之间的联系。在亚伯拉罕宗教中，灵魂是人与神相似的部分，它渴望变得像神一样或回归神的身边，是圣灵的反映或碎片。非宗教的观点认为灵魂类似于自我认识或意识，或者是宇宙精神的一部分。

## 让上帝选择吧

宗教观点认为上帝已经决定了动物是否有灵魂。但宗教文献的模棱两可人尽皆知，许多内容留待解释并常常给出矛盾的信息。《圣经》在动物是否有灵魂这个问题上就很模糊。下面的这段引文中是基督回到地上并带走得救的人时说的，这句话暗示了动物具有灵魂："人的灵是上升的，兽的魂是入地的。"(《圣经·传道书》, 3:21)

伊斯兰教认为动物没有自由意志，因此它们的行为不会受到审判，天堂也不会向它们敞开大门。所以或许有没有自由意志是有没有灵魂的一个决定性因素。

### 身心二元论

笛卡尔将身体视为一个机械装置，其中居住着灵魂。他相信只有人类有灵魂，而动物是空虚的、没有灵魂的机器。

## 一个灵魂，多次使用

佛教甚至不认为人类拥有独特的灵魂，而是认为所有的生物分享着同一种普遍的精神。巴鲁赫·斯宾诺莎也持有类似观点，他认为同一种自然精神居住于所有的被造物中——这种观点被视为异端，因此他被驱逐出了犹太教。在佛教和斯宾诺莎的观点中，我们每个人、每只狗都有着普遍灵魂（la universal soul）的一个小碎片，但这个碎片不是自主的或任何意义上独立的存在。

那些相信灵魂轮回（一个灵魂先后居住在不同的身体里）的人认为狗是有灵魂的。灵魂并非特定为某个物种所具有：同一个灵魂可以在某一世占据人的身体，而在另一世占据狗的身体。公元前5世纪，希罗多德（Herodotus）写道，古埃及人认为人类的灵魂会重生为各种动物并在3 000年后再次变成人类。包括柏拉图和毕达哥拉斯在内的一些古希腊哲学家认为，灵魂只在身体里停留很短的一段时间。它在身体死亡后重新进入灵魂世界，直到它与另一个身体结合，无论这身体是人类的还是动物的。

## 动物与人不同吗？

灵魂常被认为产生了意识、自我认识、道德、想象力、语言、同理心、抽象思维、良知、激情和希望。人们在传统上认为这些特性和能力中有许多是能将人类与其他动物区分开来的。如果说人类与野兽的区别在于人类拥有灵魂，那么灵魂的定义就在于它属于人类而不属于野兽。这是个循环论证，狗仅仅因为它是狗所以就不可能拥有灵魂，灵魂是狗所没有的。

随着有关动物生理和行为的知识的不断增加，人们逐渐对人类大脑有着内在的特殊之处这一古老的假设产生了怀疑（除了出于宗教原因而认为人类是特殊的）。我们可以探查其他动物的智力和学习能力，动物的有些行为方式放在人身上就是同情、公平和利他主义的表现，而且它们的这些行为不仅仅只针对自己所在的群体或物种。让·戴西迪（Jean Decety）发现，老鼠会把其他老鼠从陷阱中解救出来，即使这么做没有任何奖励；而且一只老鼠还会及时解救另一只老鼠，让后者分享本可以独享的事物。猴子们也会打开笼子解救别的猴子，一起分享食物；海豚拯救溺水水手的故事从古希腊时期就屡见不鲜；还有些人类婴儿是由野生动物抚养长大的。

> "有一次，他看到一只小狗被人鞭打，非常可怜，于是说：'住手，别打了；因为当我听见它叫唤时，仿佛看到我一个亲爱的朋友的灵魂寄居在它身上。'"
>
> ———
>
> 克塞诺芬尼（Xenophanes）讽刺毕达哥拉斯（Pythagoras）

大多数人仍然认为，只有人类才会创造艺术，拥有懊悔感、内疚感，抱有对未来的希望，或拥有自我意识与同理心，但没有证据表明动物不会做这些事，如果它们能做到其中的任何一件或所有的事，那么可以说他们拥有灵魂吗？

## 方舟上的动物都有灵魂

在西方世界,狗和人的关系很亲密。人们也同样宠爱猫和马,但程度稍低。我们可以说,这个现象与狗(或猫,或马)无关,只与我们自己的态度有关。

有比狗更聪明的动物,也有表现出同情、利他和分享的行为的其他动物。如果狗是有灵魂的,那么海豚和大猩猩一定也有灵魂。从生物学角度来看,其他动物也很可能具有那些我们认为与灵魂有关的心理行为。

英国哲学家威廉·金顿·克利福德(William Kingdon Clifford)不认为进化过程能够实现从无意识到有意识的跳跃,所以他假设每个事物都具有某种原初形式的意识,然后在进化发展的过程中逐步生长成为意识:"没有人能在动物进化的系谱中指出意识的诞生具体发生在哪里。如果我们完全接受进化论,我们唯一能得出的结论就是,即使在最低级的有机体中,即使在那些于我们血液中四处游荡的阿米巴原虫身上,也能找到这样或那样与我们的意识具有相同性质的东西,只是其形式在我们看来会简单到难以置信。"

> **亚里士多德的灵魂目录**
>
> 亚里士多德认为只有人类才能拥有完整的灵魂。动物的灵魂缺乏理性,植物只有简单粗糙的灵魂。
> - 高级灵魂:只为人类所拥有。具有理性功能、运动和感觉功能、维持生命的功能
> - 中级灵魂:为动物所拥有。具有运动和感觉功能、维持生命的功能
> - 初级灵魂:只为植物所拥有。无法自行运动,只有维持生命的基本功能

## 有没有灵魂重要吗?

动物有没有灵魂有什么区别?就像毕达哥拉斯所说,小狗不应该被鞭打,因为他认出小狗身上有着一个曾经是人的灵魂。如果我们知道动物有灵魂,我们对待动物的方式可能就会不同。大多数人认为,我们对人类的义务大于对动物的义务;对体型更大、可能更聪明的动物的义务大于对鼻涕虫和蠼螋的义务;对动物的义务大于对植物的义务。我们对那些有灵魂的存在(如果有

的话）要负哪些特殊的责任？如果我们知道动物有灵魂，或者知道它们能像我们一样思考、产生同理心和痛苦的感觉，那么我们对动物和人类的义务会不会是一样的？既然我们不知道动物是否有灵魂，我们应该善意地推定它们有吗？

### 豆子有灵魂吗？

相传，毕达哥拉斯不吃豆子，甚至宁可自己被人杀掉，也不愿为了躲开追杀他的人而践踏豆田。毕达哥拉斯不吃豆子的原因之一，是他相信豆子在灵魂转世中的作用很重要，也许豆子在灵魂迁移时起到了某种连通作用。

# 第14章 你能说出自己所想,而且所说皆为所想吗?

语言有多可靠?

在过去的 100 年间,哲学家们对语言的兴趣日渐高涨,探讨的问题包括我们所说的是什么、语词怎样与其含义相联系以及别人在使用语言时我们是如何理解它的。由于所有的哲学思想都必须通过语言进行交流,所谓的"语言转向"对"说什么"和"怎么说"产生了很大的影响,也引发了对"什么不能说"的思考。语言是否限制了什么是我们能思考的,甚至限制了什么是存在的事物?

> "那你应该把你的意思说出来。"三月兔接着说。"我正是这样的,"爱丽丝急忙回答,"至少……至少凡是我说的就是我想的。这是一回事,你知道的。""根本不是一回事!"帽匠说。
>
> 刘易斯·卡罗尔(Lewis Carroll)《爱丽丝梦游仙境》

## 那只是一个词

"共相问题"讨论"正义""童年""愤怒""红色"等概念是否存在,它强调的正是棘手的语言难题。一些被称为"唯名论者"的哲学家相信,不存在"愤怒"这样的"事物",只有表现出愤怒的行为和愤怒这个词本身。

其他被称为"实在论者"的哲学家声称,有一种独立于"愤怒"这个词的事物存在,即便我们没有找到什么词来描绘它,人们也会继续"愤怒"。实在论者又可以进一步划分,一种像亚里士多德一样,相信只有当实例存在时,共相才存在;另一种则相信共相无论如何都存在。所以,对亚里士多德来说,如果人们不再愤怒,或者人类灭绝了,那么"愤怒"就不再存在了。而对于观念论者柏拉图来说,不管人们愤怒不愤怒,愤怒都存在,因为存在着"愤怒"的"理念"。

## 语词的意义是什么?

语词是怎么产生意义的呢?这个问题引起了20世纪德国哲学家路德维希·维特根斯坦的兴趣。他认为,语词的定义取决于我们如何使用它们。所以如果我们用不同的方式使用一个词,它的意思就会变。当年轻人开始用"cool"来表示"不太暖和"之外的意思时,这个词的意思也随之改变,与其新用法相适应。但这与维特根斯坦的观点正好相反,他认为我们必须用语言描绘世界,或用语言为世界建立模型;而只有当语言的意义与世界上的事物相联系时，我们才能以之描绘世界或建立模型。他的后期思想集中于"语言游戏"，人们在游戏中进行任何对话时，都必须弄明白语词作为何种含义被使用。

那么，语词与其意义之间是否存在对应关系呢？还是说每个语词都只是一种随意的发音，它的意义是我们赋予的？有没有什么好的理由来解释诸如这样的问题："狗"为什么指一种犬科哺乳动物，而不是冰柱或引擎化油器？虽然单词之间也有逻辑关系，如"冰"和"冰柱"，但也有少数几个拟声词存在。语词与事物之间，或者用语言哲学家对它们的称呼，"能指"和"所指"之间是否存在有意义的对应关系呢？

弗迪南·德·索绪尔（Ferdinand de Saussure）称口头语为能指，但考虑书面语时，情况就变化了：我们与字母 t 相联系的声音是所指，而字母 t 是它的能指。口头语的 t 本身是一个发声模式，即一个单词的一部分；而这个词是一个能指，我们认为它意味着所指的东西。"树"这个字并不在任何绝对意义上意味着"树"，但当我们看到或听到这个字时，我们都同意将其理解为"树"这一概念——当然，只要我们知道它是汉字。

## 带上包袱

语词带有许多文化包袱。这些包袱会随着时间的推移而积累或变化,甚至能改变人们对以往文字内容的理解。提起"阿道夫"这个名字,许多人都会想起希特勒。如果你写了一个故事,其中的主角叫阿道夫,读者们就会对这个故事产生一定的预期,你可以通过人物形象的塑造来满足或破坏他们的预期。"gay"这个词在20世纪中叶以前的意思是快乐、无忧无虑,但现在它的主要含义是"男同性恋",这也会影响到我们对过去的文字内容的理解,如"gay"这个词的现代意义将会影响到我们对一篇写于1920年的小说的反应。

20世纪英国哲学家约翰·奥斯汀(John Austin)将"言语行为"(speech acts,可以用言语完成的事情)分为3类:语谓行为(locutionary acts)、语旨行为(illocutionary acts)、语效行为(perlocutionary acts)。语谓行为告诉我们一些关于世界的事情;语旨行为可以是一个问题、命令或承诺——它带有一种特殊的功能,不只是为了告诉我们一些事情;语效行为中的语言同时也是一种效果,比如在婚礼上说"我愿意"。为了理解语言如何以这些方式发挥作用,每个人都必须了解使用语词时它们所处的文化语境。

## 你明白我什么意思吗?

有些人认为蓝绿色是一种蓝色,而另一些人则认为它是一种绿色。我们看到了不同的事物,还是我们只是针对同一个事物使用了不同的词语?我们不能确定我们所看到的红色或蓝色都是同样的,但我们都同意把血液的颜色称为"红色"。同样,我们对愤怒、爱、恐惧和其他任何事物的定义也可能有不同的看法。因此,我在言语中表达的意思不一定是你听到它时所理解的意思。具有讽刺意味的是,试图谈论语言的哲学家们发现,他们在谈论时所使用的手段并不可靠,不能真正胜任这项任务。

德国哲学家戈特洛布·弗雷格(Gottlob Frege)认为,语言只能从语境中获得意义。例如对于"那头猪是黑的"这个句子,我们可以将其视为一个数学表达,其中有一个参数"那头猪"和一个函数"是黑的",我们可以把这个参数换成另一个，比如换成"这只猫"。但是这些都只有在语境中才有意义，即"是黑的"本身并没有告诉我们任何含义。

单独一个词是没有意义的。索绪尔解释道，词语因为它们之间的差异才能获得意义。所以"雄性"需要"雌性"这个词的存在，说某物"是"一只猫，也就是说它"不是"狗、老鼠或小袋鼠。从某种意义上说，每个事物都可以由它不是什么来定义。

## 语词与真理

显然，我们可以用语言来说出真相或谎言。伯特兰·罗素则认为，一个命题也可以是没有意义的。像"法国国王是个秃头"这样的句子既不是对的，也不是错的，因为法国现在根本没有国王。如果我们说这个命题是假的，那就意味着法国国王不是秃头（但确实存在着一个国王）。有些命题可能完全令人困惑，比如"我所说的一切都是谎言"，如果这个命题为真，那么它就为假；如果它为假，那么它就为真。

## 对思想的限制

语言限制了我们能说什么，但它会限制我们想什么吗？有人认为可以。例如，在汉语中讨论一些事物时，数字与被计数对象之间必须使用"量词"，例如"3张地图"实际上表达的是"3个平面物体，它们是地图"。"量词"已根据某个属性对事物进行了分组，所以这个要求在事物之间建立了联系并且突出强调了事物的一个属性。中文能够体现出"3张地图"和"3张邮票"的相似性高于"3张地图"和"3只大猩猩"之间的相似性。而在英语中，语言本身并不能反映出这个事实：邮票与地图比邮票与大猩猩更相似。英语不需要为了计量事物而思考事物到底是什么样子的。

有些语言有专门的词来描述某些事物，其他语言却没有。在日语中，"tsundoku"一词指的是"光买书不看书"的行为。虽然英语中没有这个词，但英国人也有买了书却不看的行为。既然没有词来形容它，英国人会对这一行为有不同的看法吗？既然无法用单词表达，英国人是不是更能容忍这种行为？虽然一个很重要的事实是英语中没有对应的单词，但英语也能表达出这个意思：

"You have bought a book and not read it（你买了书却没读）。"对于我们不知道怎么形容的事物，我们又该如何表达呢？例如，我们无法形容蠕虫在土壤中钻洞的样子，但我们可以描述它的运动方式，包括肌肉活动，但很难想象成为一只蠕虫会是什么感受，原因或许是我们没有词来形容蠕虫的行为；但也有可能我们没有一个词来形容它的行为，是因为这很难想象。

## 语言——相同但又不同

诺姆·乔姆斯基认为，所有语言都有一些句法（结构）的特征，而我们的大脑天生就会使用这些形式来学习语言。就好像大脑已经有了一个结构，只需要用语言来填充即可。乔姆斯基认为，所有的语言都太过复杂，儿童仅靠模仿周围的人不可能学得会，这说明我们具有一种天生的语言能力。

这个儿童通行标志上有着两个非写实的儿童形象，即使你从未见过它，也很容易理解它的意思

> "对于不可言说之物，必须保持沉默。"
>
> 路德维希·维特根斯坦

学习的潜力似乎有时间限制。一些语言学家认为，语言学习有一个关键时期，如果孩子没有在这个时期接触到语言，以后就很难再学会。

## 野孩子

历史上有许多关于被遗弃的孩子由野生动物抚养长大的记录——例如被被狼抚养长大。有时人们也能找回这些野孩子并将他们带回人类社会。研究表明，如果这些孩子在很小的时候没有接触过人类语言，就会很难掌握，但他们可以与动物饲养员交流。其中一个比较离奇的例子是俄罗斯的"鸟男孩"。他的母亲把他养在一个有鸟的大鸟笼里，但从来不跟他说话。他在7岁时被人发现，此时他已能通过鸣叫和拍手来交流。

诺姆·乔姆斯基

## 没有语词的语言

即便小孩子和聋哑人不能像听说能力健全的成年人那样使用语言,也没有人会认为他们不能思考。"语言"不需要由口语和书面语共同组成。有些语言(例如梵语)只有书面形式,而有些语言只有口语形式。皮拉罕语完全可以通过哨声来"说",因为这种语言由13种不同的声音组成,而这些声音可以用哨声代替。那么信息程序呢?它们不用文字或确定的图形符号就能交流信息。手语将可见动作与文字一一对应起来;海伦·凯勒的看护人员以能被感觉到的动作为基础为她发明了一套手语。语言远远不止说和写两种形式。

美国作家和政治活动家海伦·凯勒因婴儿期的疾病失去了视力和听力。她战胜了压倒性的困难,用自己的智慧、勇气、决心和影响力帮助别人

# 第15章 怎样做出正确的决定？

哲学的实际应用在于决定如何行动。

从投票到器官捐献,再到慈善捐赠,哲学影响着我们日常生活中的所作所为。

## 做决定

克尔凯郭尔认为,人生的全部是由选择组成的,人面临的困境是在给定的各种可能性中做出选择。他说:"我真正缺少的就是要在我内心弄清楚自己该做什么。"

有些决定纯粹是实用的,没有哲学意义。你会选择睡觉还是选择熬夜、看电影可能取决于你第二天是否需要早起上班。许多决定都包含道德内容,这会让一种选择在道德上比另一种更好或更坏,哲学可以帮助你决定涉及道德对错的选择。那么,如何做出正确的道德选择呢?

## 遵守规则

我们身边到处都是规则和制度,比如土地法、宗教守则、社会规则和习俗、职业行为准则以及地主、家长、学校、老板或其他权威人士制定的规则。有些规则比其他规则更有分量。如果我们违反了法律，司法处罚会降临到我们头上；但如果我们违反了社会规范，也会招致一些人的反对。不要低估传统和习俗的力量：在16世纪的中国，要是哪个母亲没有让自己的女儿裹小脚，20年后她就会发现女儿成了嫁不出去的负担（虽然是个能走路的负担）。

宗教守则是唯一明确声称其与道德高尚的生活有关的规则。它们形成了"价值框架"，为信徒提供了一条做出正确选择的捷径。如果你信仰的宗教告诉你不要吃猪肉或不要撒谎，这些都是明确的指导方针，你不需要费心去思考是否要做这些事情。一个行为是好是坏，可以通过与一套规则的比较来确定。通过一套规则或责任来判断一个行为是否道德，这种做法被称为"义务论"，

### 道德与伦理

道德与伦理这两个词没有实质区别，尽管有些哲学家对它们有所区分。这两个词源于同一词根，并且经常能互换使用。"伦理"通常在学理性更强的语境中使用（如"伦理委员会"）。

或"义务论伦理学"。

## 宗教能垄断道德解释权吗？

几千年来，宗教与道德一直密切相关。有些人认为，没有宗教，就没有道德动机。为什么有宗教信仰的人更容易遵守道德准则？许多宗教会给予遵守规则的人以奖励（如救赎），也可能以惩罚（如下地狱）相威胁，恐吓人们服从。所以，或许信徒遵守宗教守则是为了获得奖励、避免惩罚，而不是因为他们想做个好人。

这个立场听起来不太

> "若一个人遵循上帝的道德话语，则他的动机要么是道德的，要么不是。如果是，那么这个人就已经具备了道德动机，而上帝的引入并没有增加任何额外的东西。但如果这些动机是不道德的，那么它们将是一种根本不能适当激发出道德的动机……我们可以得出这样的结论：任何在道德中对上帝的引入，要么什么也没有增加，要么增加的是错误的东西。"
>
> 伯纳德·威廉斯（Bernard Williams）

宗教善于把人们聚集在一起，让他们遵守一套规则

符合道德准则。也可能，信徒遵守规则是因为他们爱神，想要讨神的喜悦。在这种情况下，奖惩是不必要的，那么为什么它们是宗教信仰的重要特征呢？同样，一个没有信仰的人也可能想要做善事，因为他们想取悦同伴，或者因为他们热爱美德。人文主义者在没有奖赏或惩罚的情况下也可以保持道德高尚，所以或许人文主义者比宗教信徒更道德，当然我们没有理由认为道德是宗教的专利。

宗教是义务论的。信徒的责任是遵守神的律法。但世界上有许多宗教，它们对"善"有不同的定义。这意味着，要么一些（或所有）宗教是错误的，要么对一些人来说正确的事情对另一些人来说未必正确。当然，每个信徒都会认为他或她的框架是正确的——那么局外人如何在它们之间做出选择呢?

## 规则,去你的规则

如果一个道德框架构建得当,它就应该能指导我们做正确的事。但这是个很大的"如果"。通常,规则的设计是为了服务于当权者的最大利益——即使是主流宗教的核心道德准则也是如此。弗里德里希·尼采认为基督教服务于政治目的,即利用虚假的来世承诺,让被压迫者顺从地待在他们的位置上。一些研究发现,犯罪和不道德行为与社会中有宗教存在之间有着直接关联,越多人信仰宗教、进行宗教

> "你们可以发现这样一个离奇的事实:任何一个时期,宗教信仰越是狂热,对教义越是迷信,残酷的行为就越是猖獗,事态就越是糟糕。……环顾世界,你就会发现,人类情感的每一点进步、刑法的每一次改进、减少战争的每一个步骤、改善有色人种待遇的每一个步骤、奴役的每一次减轻、世界上的每一次道德进步,都曾一直遭到有组织的教会的反对。"
>
> 伯特兰·罗素

活动,犯罪率就会越高。这表明,仅凭规则不能让人们以合乎道德的方式行动。

我们都会偶尔遇到相互冲突的责任与义务,或被迫做出艰难的选择。有时,我们所遵循的规则会强人所难。我们可能不得不评估相互矛盾的主张并从中选择一个我们认为最重要或最有说服力的。如果你信奉一种宗教,你可能会看不出来怎么将它的准则应用于复杂问题,你也可能会不同意它,因为它的准则看上去不能适用于你的情况。为此,你可能会从精神导师那里寻求建议,或者不得不绞尽脑汁自行思考。

三色堇是思想自由的象征,它代表着一种哲学立场,认为人们的思考和决定应该基于理性和逻辑,不应受偏见、传统、习俗、权威等智识上的压力的影响

只有当你知道自己的价值观,知道如何实现它们,如何捍卫它们以及它们是怎样相互联系的时候,你才能

### 问问你自己

哲学家们喜欢用思想实验来检验理论。下面有3个思想实验,看看你的价值观怎么帮你做出棘手的决定。

- 你正驾驶着一辆载有3名乘客的汽车。可是,前面发生了塌方,路被堵住了。在你撞上挡路的石头之前,没有时间停下来,但你可以转向一条岔路。不幸的是,有一个年轻人站在那条狭窄的岔路中间。如果你改变方向,你一定会撞到他。你会拐进狭窄的岔路,撞死那个本来可以活下来的人吗?还是继续按原来的路走,而这很可能把车里的4个人都害死?
- 你需要买件新衬衫去面试,但你的钱不多。你唯一买得起衬衫的地方是一家专门售卖廉价商品的商店。你看过关于这家商店的纪录片,知道这些衬衫是由被剥削的海外劳工生产的。你不想支持血汗工厂,但你需要一件衬衫。你会怎么做?
- 你手中有一些证据证明国家非常腐败。如果你揭露所发现的东西,你将处于危险之中;但如果你不揭露,许多人将因腐败而受苦。你会揭露证据吗?

这些问题的答案有对错吗?它们在所有情况下对每个人而言都是一样的吗?

合理做出艰难的道德决定。当然可怕的事情也有可能发生，此时你需要想办法将这些事情融入你的世界观与价值框架，或者因为它们而改变自己的观点。

## 用一些"主义"来做决定

英国哲学家亨利·西季威克（Henry Sidgwick）认为，如果不考虑对规则的遵守的话，人们做出伦理决定的方式可以分为3类：利己主义、功利主义和直觉主义。

- **利己主义**是选择那些能给你带来最大快乐和最小痛苦的选项，而不考虑这些选项对别人的影响。这听起来不像是一种通往道德生活的道路。乍一看，这种立场很吸引人，但如果你太自私，人们就不想靠近你了

- **功利主义**通过衡量一个行为给所有相关的人带来的幸福和痛苦来判断这个行为是否道德。如果一种行为给大多数人带来的幸福多于痛苦，那么它就是道德的；如果一种行为给大多数人带来的痛苦多于幸福，那么它就是不道德的。这是一个很好的立场，但并不是绝对正确的。

有时候计算幸福与快乐的多少很困难，而更困难的是按照计算所显示的最佳路径走
- **直觉主义**认为我们直觉地知道什么是对、什么是错，它依赖于直觉或常识。西季威克认为，直觉主义和功利主义可以很好地结合，因为我们的本能选择似乎往往出自一种感觉，即对人们造成伤害的事情是错误的

## 伦理决定：应该、不应该、可以

伦理决定要求你决定什么是正确的、道德的事情，或决定做哪些正确的事情、避免做哪些错误的事情。例如，你在图书馆的桌子上发现了一个装有钱的信封，你知道你应该把它上交到失物招领处，然后你要决定是否上交。你可能会说服自己认为，这些钱永远也不会被还给它合法的主人，所以与其让别人保管它，不如自己留着。你可能会觉得，对于那些把钱到处乱放的人来说，他们拿不回钱只能怪他们自己。或者你也可能会上交它，不管以后会发生什么，你总归认为留着这些钱是不对的。

如果你发现一个装满钞票、不知主人是谁的信封,你会怎么做?你会交出去还是留着它

行为可以分为3类,以供道德判断参考:

- **被要求做的事情**:换句话说,你必须做这些事
- **被允许(但不是被要求)做的事情**:换句话说,你可以做(也可以不做)这些事
- **被禁止做的事情**:换句话说,你不能做这些事

人们已经对有些行为达成普遍共识。大多数人会说,

杀人是不好的，所以它属于被禁止行为的范畴——你一定不能杀人。但在很多情况下，人们对行为的道德性质意见不一。一些人认为吃某些种类的食物是被禁止的行为，而另一些人认为吃这些食物是被允许的行为，没有特别好或者不好的道德状态。

有时人们的意见会出现彻底不一致的状况。有些人认为，婴幼儿的割礼是在伦理上被要求做的事情，因为他们的宗教信仰有这种要求；有些人说这是被允许的行为；还有些人说这是未经许可的对人的身体的侵犯，所以在道德上是错误的，应该被禁止。关于伦理问题的争论有时会很激烈，甚至演变为暴力。当伦理问题与宗教信仰联系在一起时，它们可能会引发持续几百年的战争。

## 发生的事情和应该发生的事情

我们所生活的社会都有着文化规范，这些规范往往反映在法律中。许多时候，我们都相当自信地认为我们应该做的事情就是遵守法律，但有时这可能会与我们认为正确的事情相冲突。不能因为事情发生了就认为它是

有时道德的逻辑很复杂。用动物来测试药物是对还是错?动物保护主义者会认为这绝对是错的。但是不在动物身上测试药物,就会让人们面临受到伤害的风险,这个风险是可以接受的吗

应该发生的事情。

200年前,许多美国人都蓄养奴隶。这并不意味着奴隶制是或者曾经是对的——但正因为有足够多的人认为奴隶制是不对的,情况才发生了变化。为了让社会进步,就必须有人打破现有秩序;必须有人认为,已经发生的一些事情是不应该发生的,然后他们开始试着改变社会。

如果你认为事情应该改变,你就需要为自己的道德

观奠定良好基础,这样你才能向别人解释原因,说服他们。在你真正决定做什么之前,你需要知道你在想什么以及为什么这么想,这就是哲学派上用场的地方。

# 第16章 我们该不该烧死女巫？

对错是绝对的,还是视时代和环境而定?

## 为什么"善"是好的?

对的事物总是对的吗?为什么好的事物会被我们认为是"好"的呢?

我们花了很多心思确定哪些行为是善的,但大多数人很少考虑"善的"或"道德的"是什么意思。20世纪英国哲学家乔治·摩尔(George Moore)给出了结论,认为"善"是无法定义的,我们天生就对是非有一种感觉。摩尔说,我们不需要通过科学或伦理来接近"善"的本质:我们只知道它是"一个简单的概念,就像'黄色'是一个简单的概念一样……你无法解释什么是善"。这听起来像是在逃避问题,因为它并没有告诉我们这种感觉来自哪里,也没有告诉我们是否所有人都有这种感觉。

一种说法是,善的定义是在一个理想的观察者看来是好的事物。所谓理想的观察者是一个拥有充足知识和绝对理性的假设性存在。另一种说法是,善是某种无所不知的存在(比如上帝)认为是好的事物。这就产生了"神圣命令"(divine command)理论——事物是好是坏,依据的是上帝的命令。然而这个回答并不是完整的,因

> **大问题：元伦理学**
>
> 哲学家们思考的伦理学可以被分为 3 类：
>
> - 元伦理学：它涉及的首要问题是善的本质，我们如何区分善与恶，善是否在任何时候、任何地方都是善，以及善是否存在
> - 规范伦理学：关注人们应该认为什么是好的和不好的，比如嫉妒是不是好的，施舍是不是好的，等等
> - 应用伦理学：关注伦理学在生活中的应用，指导我们应该如何生活、应该做什么。它把规范伦理学所确立的原则付诸实践。应用伦理学有许多分支，例如生命伦理学，它所涉及的问题包括：我们是否应该在医学研究中使用人类胚胎、我们是否应该生产转基因生物等

为我们还可以进一步追问："上帝命令一个事物为好是因为它是好的，还是仅仅因为上帝给出了命令，它才是好的？"如果答案是前者，那么"善"的来源仍然存在于上帝之外，他并不能选择什么是善的；而后者看起来是个非常武断的答案，这样一来上帝的任何命令都是好的，

包括烧死女巫,而这在今天是我们不能容忍的。

指望上帝给出命令还会带来一个问题。不同的人信仰不同的宗教,不可能所有的神都是道德的最终仲裁者。大多数人会说,只存在一种宗教建立了正确的道德框架(当然是他们自己信的那个)。有不同信仰并不意味着神圣命令理论就是错的,但它确实让这个理论更难有说服力。如果我们不能说明白为什么"善"是好的,那就值得去想想"善"到底是不是某个东西——"善"存在吗?这是"共相(抽象概念)是否存在"这个更大的问题的一部分。

## 是否存在道德事实?

很难说道德是否有什么"真"的东西作为基础。大多数人认为物理世界中事物的运行方式是存在的,例如,在太阳系中行星以特殊的方式排列起来,或者身体以特殊的方式处理糖和脂肪。这些事情都有一些"外在的"真理。伦理也是如此吗?是否存在一种"外在的"真理,教导我们如何过道德的生活?一些哲学家说,正义、真理、道德等观念是独立于人、社会(和神)而存在的,它们或许是摩尔所提到的天赋的观念,或许居于柏拉图所谓洞穴外的理念世界。在这种情况下,有些东西是"善"的,而且我们必须找到这些东西是什么。

另一种可能性是,没有作为"好"或"坏"而存在的东西,所有"杀人是错的"和"杀人是好的"之类的陈述都不是真理。但即便不是真理,这些陈述仍然具有意义。我们可能会认为,"杀人是错的"是指令性的,意思是"我们一定不能杀人";也可能会认为它是情绪性的,表达不赞成,意思是"我们不喜欢杀人"。所以最好把"杀人是错的"改述为我们的真实意思:"不要杀人"或者"我们不赞成杀人"。

---

### 啊,但什么是"真"呢?

哲学自然也要探讨什么是"真"的问题。有两种重要而相互矛盾的理论。

真理符合论认为,真命题必须与现实世界中可验证的事物相对应,这就是大多数人说"真"时表达的意思。因此"落叶树在秋天落叶"这样的命题是真命题,而"落叶树在秋天是美丽的"这样的命题不是真命题,因为有些人觉得它美丽,有些人却不觉得。

---

融贯论真理观更难解释，也更难理解。这种观点认为，必须有一个融贯的系统，在这个系统中，每个命题都是真的，而每个命题只有存在于它的系统时才会是真的。按照这种说法，量子物理学和经典物理学（他们具有相互矛盾的元素）都可以各自作为一个系统而是"真"的。量子理论中的命题只有在该理论的语境中才是真的。所以我们可以说"相距很远的粒子可以产生瞬时同步作用"这个命题在量子物理学语境中是真的，因为不管量子物理学系统本身是不是宇宙的正确模型，它都在逻辑上支持这个命题。

"汝勿杀"这样的命题在符合论中不是真的。它想通过陈述事实让世界遵从它的理念：你不会杀人。如果有人杀了另一个人，这个陈述就为假。在融贯论真理观中，"汝勿杀"这个命题可以是真的。

## 放之四海而皆准？

在规则的制定背后，是否存在某种真正的、普遍的道德准则？是不是有些事情永远是对的或错的？是否有可能提炼出一套可以并且应该适用于所有时间和地点的规则？

如果存在某种"外在的"总体性道德框架，等待着我们去发现，那么道德是绝对的，不随着时间地点而改变。如果没有一套单一的道德准则，那么道德是相对的，它在不同的文化中是不同的。

这会影响到我们如何看待、如何对待他人和其他文化。随着我们的社会变得更加多元，这个问题也变得越来越重要。我们应该在多大程度上尊重、支持和保护他人的道德观?

## 一切都在改变?

在古希腊，人们蓄养奴隶，成年男子会与小男孩发生性关系。这些都是正常的事情，不被认为是错的。这是否意味着他们错了但没有人认识到他们错了? 还是说这种行为对那个社会来说不是错的，但对我们的社会来说是错的? 如果我们采取绝对主义立场，那么结论要么是作为同性恋奴隶主的古希腊人大错特错，要么是我们没有以他们为榜样，对自己的人类同胞太大方了。而如果我们站在相对主义的立场上，古希腊人做这些事都是可以的，但我们现在做这些事就不行。

我们很难置身于自己所处的社会环境之外去理解别

人对同一道德状况的真实想法。也许在 200 年后，我们的后代会很奇怪，为什么会有人认为吃动物、破坏环境、将烟酒作为合法毒品是可以接受的。到时候还可能会出现其他我们现在无法想象的反对意见。

### 烧死那些女巫

在信徒看来，神说的话背后都有着明确的意图，并且其意图永远是善的。宗教总是努力揭示这些意图并且促成它们。但是，宗教文献是出了名的模棱两可、晦涩难懂且相互矛盾的，无数宗教战争都源于对规则含义的不同解释。所以，17 世纪的人们对"你不应该让女巫活着"这句话做了字面意义上的理解，但就现在来说，迫害"女巫"是非法的（顺便说明一下，当时的迫害也常常是非法的）。据估计，在 1500 —1800 年间，西方世界大约有 20 万获罪的"女巫"被处决。

如果烧死女巫的人真的相信她们有罪，这种行为是不道德的吗？道德相对主义是否构成了对烧死女巫的辩护

# 人文主义的观点

第一个提出文化相对主义的西方哲学家是16世纪的法国散文家蒙田（Michel de Montaigne）。当时，探险家们带回来许多新奇的故事，讲述新大陆上人们奇特的生活方式。蒙田主张对这些风俗习惯保持宽容："良心的法则，我们自诩出自天性，其实源于风俗。每个人都要对周围人认可与接受的意见和行为怀有内在的敬意。"蒙田不认为所有的道德规范和判断都同样有效，而是认为每个人都应该在所有的具体情况下检查和反思自己，以做出适当的行为。这种人文主义观点给了每个人决定什么是道德的权利，只要他们用理智思考这个问题。

> "总有一天，其他动物也会获得只有暴君才会剥夺的那些权利。法国人已经发现，一个人不能因为皮肤黑就要遭受任意的折磨而得不到救助。总有一天，人们会认识到，腿的数量、皮肤绒毛的形式、骶骨（尾巴）末端的形状都不足以作为让一个有感知能力的生命遭受类似厄运的理由。"
>
> ——杰里米·边沁

## 界限问题

一旦我们容许道德规范的多元化,宽容与体谅就成了重要的品质。宽容并体谅不同的观点往往容易做到,比如一个非穆斯林在同事斋月期间做出不尊重的行为是无礼的,因为没有表现出对他人的体谅。当一个人的道德规则伤害或侵犯他人的权利时,就会出现更棘手的问题。

切割女性生殖器(Female genital mutilation, FGM)的做法在实践它的群体以外通常被认为是令人憎恶和不

有些人在批评本国工人工作环境恶劣的同时,购买外国血汗工厂生产的廉价商品,这在道德上是一致的吗?由于贫穷和饥饿更糟糕,国外工人的恶劣工作条件就可以被接受吗?或者这只是我们为了良心安慰而提出来的观点

道德的，认为它在某些社会中可以被接受的观点本身也可能被认为是不道德的。伊斯兰教的许多领袖都反对这种做法，但施行FGM的团体（他们更喜欢称之为女性生殖器手术）想捍卫他们继续这样做的权利。

在什么情况下，我们不再支持一个人拥有不同信仰的权利？在欧洲禁止FGM和在FGM普遍存在的国家（如索马里、埃塞俄比亚等地）阻止这一行为有何区别？或者在某些情况下，我们是否有道义上的义务将我们的观点强加于其他文化之上？（例如，世界卫生组织在1994年通过了一项禁止FGM的决议。）

---

### 宗教是一种特殊情况吗？

犹太人屠宰动物时有一套犹太教规范（shechita）[1]，它与将动物打晕然后屠宰的更人道的做法相冲突。一些国家的法律规定在屠宰动物时必须将动物打晕，但犹太教或伊斯兰教的传统方法可以例外。这种妥协将宗教情感置于动物权利之上，这是对的吗？如果宗教有特殊之处，那么它在哪些方面"特殊"呢？

---

[1] shechita是一套犹太教饮食法则，包括屠宰动物时用锐利、无缺口的刀瞬间划过喉部。——译者注

在中世纪,欧洲的十字军以"真正的"信仰、从地狱中拯救他们的名义,屠杀了成千上万无辜的非基督徒(不过更准确地说,十字军是大规模抢掠的借口)。一个相信这种宣传的十字军战士会觉得自己有道德和义务参加十字军并"拯救灵魂"

2004年,法国禁止在学校里穿戴具有宗教意义的作品或服装。它被许多人理解为一项禁止穆斯林头巾(喜玛尔)的法律,但它也适用于基督教十字架和印度教包头巾

## 规则的反面

虽然固定的道德准则会让生活变得更加简单,但当规则看起来不正确或者没有考虑到语境时,它也会导致困境出现。如果需要在多种不同环境中做出正式的道德决定,许多人会采用一种叫作"决疑法"(casuistry)的方法。这种方法将每个案例独立处理并考虑所有的知识、情况、可能结果和语境,以做出看上去最正确的决定。"决疑法"在法律框架内运作,但无须遵守任何严格的

道德规则。例如，医学伦理委员会在为每个病人决定治疗方案时采用的就是这种方法。由于每个病人的情况不同，乍一看非常相似的病例可能会有不同的结果。

我们对道德问题的本能反应往往与语境有关。"决疑法"正式地将这一点纳入考虑。假设一对没有孩子的夫妇想要通过国家资助的试管婴儿技术来获得一个孩子，而另一对已经有了3个孩子的夫妇也想做试管婴儿手术，那么没有孩子的那对夫妇可能会被优先考虑。但假设这对没有孩子的夫妇生活贫困，且有酗酒的恶习，而另一对夫妇的3个孩子都有致命的遗传疾病，那现在我们可能会优先考虑那对有3个孩子的夫妇。

## 只有一个原则

解决对错问题的一种方法是，考虑如果你是被别人的道德选择影响的那个人，你希望别人会怎么选。这并不是绝对正确的，因为人们有不同的优先级和偏好，但这是一个不错的起始立场。它通常被称为黄金法则，自古巴比伦时期以来，许多哲学家和宗教都提出了这一原则。这是一种互惠主义，意味着一种规定了你对他人的义务，也规定了他人对你的义务的双向关系。它有肯定与否定两种说法：

- 己所欲，施于人
- 己所不欲，勿施于人

康德在1785年也想要给出类似的唯一原则："不论做什么，总应该做到使你的意志所遵循的准则永远能够同时成为一条普遍的立法原理。"康德称他的原则为"绝对命令"。不过，他否认这个原则与黄金法则一样，因为它不是互惠的，不是问你想要什么，也不是问你希望别人如何对待你，而是问什么对所有人都是最好的。

---

### 权利而非行动

美国反种族主义社会活动家莎伦·史密斯（Sharon Smith）反对法国针对在学校穿戴具有宗教标志的服饰颁布的禁令。她说，反对这一禁令的女性是在反抗"国家强加的压迫"，就像阿富汗女性反对穿面纱女袍一样。问题不在于人们是被迫或被禁止穿某件衣服，而是选择穿哪一种衣服的权利被取消了。

"单因为一个人偷了那些光着脚被关进毒气室的孩子的鞋子,他就应该被绞死。"

---

玛莎·盖尔霍恩(Martha Gellhorn)对阿道夫·艾希曼(Adolf Eichmann)审判时的评论

## 第17章

# 「我不是故意的」这句话有用吗?

是否应该同时根据行为的意图与结果来评价一个人?

我们都曾做过一些无意中伤害或打扰别人的事，也许你会辩解："但我不是故意的"，希望能缓和局势。我们也都曾被别人的行为无意伤害过，当他们说"但我不是故意的"时，我们有什么感觉？意图与后果哪个更重要？

## 意图与后果

请对如下场景进行思考：有两个鲁莽的人出去喝酒，然后各自开车回家。一个人在路上撞死了一个女人，另一个人在空无一人的路上闯了红灯并且被警察拦住了。前者因交通肇事致人死亡而入狱，后者则受到罚款和禁止驾驶的处罚。同一天，一个男人和他的妻子大吵了一架。当妻子离家出走时，男人开车跟踪她，然后故意将她撞死。这个人因谋杀而被判处长期监禁。

前两名司机的意图是一样的，他们都不想花钱打车，想赶紧回家。但他们相同行为的结果完全不同。第三个司机显然有着不同的意图，他想伤害他的妻子，其行为的结果却与第一个司机一样。当我们评估这些行为的道德性质时，我们应该如何分配意图与结果所占的比重？

第一个酒后驾车的司机是否应该因为他运气不好撞到了行人而被判处比第二个司机更重的刑罚？或者说第二个司机是否应该因为他运气够好没有撞到行人而受到比前者更轻的处罚？另外，第三个司机和第一个司机行为的结果是一样的，但蓄意谋杀他人的司机是否应该被判处比酒驾的司机更长的刑期？

## 意图重要吗？

康德认为，只要我们的意图是好的，行为的结果就不重要。所以如果一个人跳入江水救溺水者，不管人最后有没有被救上来，他都是值得表扬的。即使事与愿违，他的意图也算数。如果有人好心办成了坏事，这个行为依然是好的，因为他的意图是好的。同样，如果有人做坏事未遂，甚至阴差阳错地给别人带来了好处，这种行为也依然是不道德的。

## 一切都与你有关——意图论

康德的观点属于意图论，即认为行为的道德性质自始至终都与其意图有关。如此一来，每一个犯罪行为都与罪犯有关，而不是与受行为影响的人有关；对行为的判断就是对行为者的判断。完全相同的行为可以有着不尽相同的道德性，因为是否道德要考量其背后的意图。如果我们从纯粹的意图论角度出发，那两个酒驾的司机应该受到相同的处罚：要么都被禁驾，要么都进监狱。

## 承担后果——后果论

另一种相反的观点是后果论，认为我们在评判行为时最重要的因素是后果。在纯粹的后果论观点下，行为背后的意图无关紧要。在某种程度上，它要求我们具有公平意识。后果论意味着酒驾撞死人的司机应该比酒驾没有撞死人的司机受到更严厉的惩罚，因为前者造成了更多的伤害。

对酒驾的处罚是法律体系的一部分，关乎正义、惩罚与威慑。我们需要让刑罚考虑到实际与可能的后果。处罚过轻表明该罪行不严重，它会让受害者感到被轻视，而且不能阻止其他人采取同样的行动。但是若处罚过于严厉反而会适得其反。如果每个被定罪的酒驾司机被判处的刑罚都与杀人犯一样,这将导致其他犯罪行为——比如即使只是出了一个小事故,司机也会选择肇事逃逸。

---

### 高瑟爵士:英雄还是恶棍?

中世纪流传的高瑟爵士的故事与意图论或后果论的困境直接相关。高瑟爵士的母亲被魔鬼强奸后怀孕生了他。在他还是小孩子的时候,就做了许多十恶不赦的事,比如把修女推下悬崖。这很容易理解,毕竟他是魔鬼的后代。他日渐长大,但行为没有丝毫改善。后来,有人告诉他,他之所以这么坏,是因为他是个魔鬼,他只是在遵照着他的命运行事而已。这给他造成了很大困扰,因为他唯一的雄心壮志就是在做事情时越叛逆、越反常越好。于是,为了成为最叛逆的人,他决定开始做好事。从那以后,他做了许多善行,出乎所有人的意料。

高瑟的行为在道德上是好的吗?他的真实意图并非行善,而是以行善的方式成为一个悖逆命运的人。

有人认为死刑是不好的，因此拥护不应判处犯人死刑的观点。法官发现，有些看上去明显有罪的人其实是无罪的，过去的判决往往被改判更轻的处罚，甚至被推翻：在1770—1830年间宣判的35 000个死刑判决中，只有7 000个被执行。于是法院减少了死刑的判决，改为将犯人强制流放到当时还是英国殖民地的澳大利亚。英国在1823年通过了一项法律改革，废除了除谋杀和叛国罪外的所有罪行的死刑。

### 血腥法典

在18世纪的英国，可以被判处死刑的罪名越来越多。到了1800年，共有220项死罪，包括"与吉卜赛人为伴一个月""对7—14岁的孩子怀有恶意且证据确凿""犯罪时伪装自己"。刑罚的本意是威慑，但当时的死刑泛滥得正如乔治·萨维尔（George Savile）在17世纪所说的那样，"一个人不是因为偷窃马匹而被绞死，而是为了马匹不再被偷走而被绞死"。

## 我们该如何判断结果的好坏？

我们如何判断结果的好坏，又是谁来做出判断？这可能需要权衡行为对不同的人或群体所造成的影响——一种功利主义的方法。根据不同的角度，行为也可能存在长期和短期的影响。

### 中国古人的教导

公元前5世纪，中国哲学家墨子提出了一种最早的后果论版本。他在评价行为的后果时不关注其给个人带来的好处，而是考虑它对整个社会的影响。他认为对社会有好处的是稳定的社会秩序、充足的财富和人口的增长。他处于战乱饥荒频仍的时代，因此他认为，如果一个国家要生存、不被邻国蹂躏，人口增长是一个很重要的考虑因素。

结果可能是可以预测的，也可能是无法预测的。有时候，人是无法预见自己行为的后果的。假如在阿道夫·希特勒（Adolf Hitler）还是个孩子的时候掉进了河里，然后一个路过的好心人救了他：在短期内，这是一个有着良好后果的善行，救人者可以期待别人表扬自己；但事后看来，如果第二次世界大战和大屠杀也是拯救小阿道夫所带来的后果，那我们可能会说，还是让他淹死会更好。人们会因为不能预测遥远的未来而受到指责吗？一个强硬的后果论者会说，如果行为的后果是坏的，那它就是错误的，不管这些后果有没有被人预见到。但几乎没人会因为孩子长大后可能成为战犯而放任他溺死。

现在假设你给孩子买了一个便宜的玩具，它做工很差，质量有缺陷，但你没有注意到。然后它碎了，孩子受伤了——这个结果是本可以预见的，其他人可能已经注意到玩具有问题，但你没有预见到它，而且不是有意的。那么这个行为在道德上是错的吗？如果你确实注意到了玩具有问题，但以为没有安全隐患呢？那么这个行为的结果是可以预见且被预见了的，但不是有意的。把这个玩具给孩子是不对的吗？除非孩子被玩具伤害这个结果是你可以预见且被你预见了的，而且是你有意让它发生的。

应该让谁来计算可能的结果呢？如果我们认为每

个人都有计算行为结果的能力,聪明人会被认为应对自己的错误负有更大的责任,因为他们更有能力预见结果。一些哲学家提议,应该让一个假想中知识渊博、公正无私的观察者来当裁判人。这很像英国法律中规定的理想陪审员"克拉彭公交车上的人",即一个非常正常的人,也没有险恶居心,也没有可能导致他做出奇怪判决的精神疾病,等等。还有哲学家说,只有全知的观察者才能真正做出正确的判断。这使得任何人都很难确定他们在评估自己的行动可能产生的结果时是否已经足够审慎。

第一种立场更加开明,因此也更为可行。根据这种立场,如果有人已经给出了应有的关注,可以预见可能的结果,他就要为自己的行为负责。酒驾肇事的可能性并不小,酒驾司机忽视了风险,而有正常知识水平的人本可以预见事故的发生。你救下的溺水儿童长大后成为战犯的可能性微乎其微,所以从河里救出阿道夫仍然是一个很好的行为。

后果论认为,没有一种行为是天生正确或错误的,行为的后果将决定其是否道德。在某些情况下,即使是看起来毫无疑问不道德的行为,实际上也可能是对的。

## 是否只遵守规则就好？

如果我们不得不考虑每个行为可能产生的所有后果，我们的生活将会拖沓又沉闷。我们可以使用一些捷径作为替代方案，也就是利用社会所施行的法律或宗教守则。这被称为"规则后果论"。我们的规则系统常常基于后果论方法：我们设计规则时依据的是各种情况下可能发生的后果。这些可能的后果是从过去的经验中得来的。由于酒驾常常导致不良后果，所以它是违法的。但在某些情况下，这些规则并不能给出很好的指导。每个国家都有禁止杀人的法律，但如果一名枪手向满是学生的教室开枪，而老师为了保护学生杀了他，那么这位老师就会被视为英雄。

只评估行为本身的方法被称为"行为后果论"。评价那位杀死枪手的老师时，我们就采取了这种方法。让它成为日常选择如何行动的基础是不太实际的，因为这样的话，每个人在做任何事情之前都必须评估每个行动的可能后果。生活将会变得非常拖沓而又不可预测，因为人们会根据不同的情况和行为得出不同的结论。

在有些情况下，因为做决定而产生耽搁，本身就会产生不好的后果。一个有实践智慧的人会比一个没有经验、更年轻或不那么聪明的人做出更好的选择，这会导致效率不均衡。许多人会优先考虑对自己和家人有益的后果，而规则后果论优先考虑的是对共同体或大多数人的好处。在特殊情况下，如那个面对持枪歹徒的教师，行为后果论可以给出最好的结果。

> "支持规则后果论的最有力论点是，它比其他观点更符合我们的道德信念并能帮助我们解决道德上的分歧和不确定性。"
>
> 布拉德·胡克（Brad Hooker），雷丁大学哲学教授

一种折中立场是"双层后果论"，它与哲学家 R. M. 黑尔（R. M. Hare）和彼得·辛格（Peter Singer）有关。它是行为后果论和规则后果论的结合：如果行为的后果可以被可靠地预见，行为后果论就成立；如果后果难以预测，就让规则后果论介入。

## 作为与不作为

在某些情况下,作为与不作为在道德上是等同的。因此,如果你可以通过不做某事来拯救某人,比如不向正在追杀他人的罪犯透露行踪,那么不作为就是一种道德行为,与给受害者提供藏身之处具有同样的道德地位。但在某些情况下,作为和不作为是不同的。例如,在医学伦理学中,同样的结果,如让绝症患者死亡,可能的做法有放弃治疗,或关闭生命支持系统,或将枕头捂在患者脸上,等等。医学伦理委员会可能会批准前两种方法中的任何一种,但不会批准第三种。第一种是不作为,第三种是作为,而第二种介于两者之间——一种变成了作为的不作为。

# 第18章 在爱情与战争中,怎样做都可以吗?

"目的正当,手段也就正当",这种为自己所犯错误的辩护是正确的,还是一种为专横暴行开脱的借口?

# 目的和手段

认为行为的道德性由其后果所决定的观点不出意料地被称为"后果论"。当我们讨论"目的正当，手段也就正当"时，目的就是意欲达成的结果。

目的是否能说明手段的正当性将取决于：

- 目的是否无论如何都是正当的
- 目的是否实现了
- 所使用的手段

假设一个国家入侵另一个国家，其目的是推翻一位可怕的独裁者（暂且不考虑这个国家是否有权干涉另一个国家的内部事务）。如果入侵国没有流血牺牲就迅速达成目的，那么很少有人会为战争行为感到后悔。但是，如果入侵国为了让被入侵国从独裁中解放出来而杀害了 10 万名平民，那么目的的正当性能说明手段的正当性吗？如果入侵国杀害了 10 万平民，却仍未能推翻独裁者，又该如何评价？虽然意图相同，后果却有所不同。

# 是否存在正义的战争?

什么时候战争是正义的？也许应该说，战争永远都不是正义的，但大多数人都认为，如果人们不为保卫自己做好准备，我们很快就会被暴君征服。为战争辩护的观点由来已久，它旨在调和两个相互矛盾的观点：

- 杀人是错误的
- 国家有责任保护公民和正义

有时，武力和暴力似乎是保护无辜生命的唯一途径。

2003年，伊拉克前总统萨达姆·侯赛因（Seddam Hussein）的雕像被人们推倒在地。萨达姆政权在美军入侵伊拉克期间被推翻

西塞罗说，只有当一场战争有正式宣战的过程，而且此前宣战方已经要求对方对所犯错误进行补偿并且被对方拒绝，战争才有可能是正义的。战争应该是最后的手段。

圣·奥古斯丁认为战争总是罪恶的，但也承认战争总是会发生。他认为，有时候，只要战争是为了阻止罪恶而进行的，它就是被允许的。这可能意味着击退入侵者、推翻暴君等都是可以的。但是"罪"这个词本身是有问题的。十字军战士认为穆斯林是有罪的异教徒，如果一场宗教战争能改变他们的信仰，那也是在阻止罪恶。但这个辩护理由在今天显然不能成立。每一种宗教都可以提出同样的

> "我们不是为了战争而谋求和平，而是为了获得和平才进行战争。所以，在战时，要爱好和平，这样才能征服你的敌人并将他们带到和平的幸福中。
>
> "正义的战争，往往被人写成一种报复敌人所犯错误的战争。当一个民族或国家，不愿赔偿由其人民所造成的损害，或者不愿归还不公正地侵占的东西时，他们应受惩罚。"
>
> 圣·奥古斯丁

观点，那么我们将永远为阻止人们信奉错误的宗教而不停地发起战争。圣·奥古斯丁还认为，作为惩罚的战争是可以的，而这在如今也不是一个正当理由了。另外，如果一场战争的理由纯粹是出于嗜血，或者是为了扩张国家领土，那么无论是西塞罗还是圣·奥古斯丁都不会同意这场战争。

圣·奥古斯丁认为，如果一场战争是两害相权取其轻——如果它能阻止更大的恶，那么它就是正义的。800年后，圣·托马斯·阿奎那对战争手段进行了思考，提出了"战争期间法"（jus in bello）。在16世纪，这些原则最终得到了确立，现在已经被普遍接受。

---

### 正义战争的要素

一场战争只有满足两个条件才能被认为是正义的：

- 诉诸战争权（jus ad bellum）：使用军事力量的原因是正当的
- 战争期间法：在战争中的行为是合乎道德的，例如公平对待俘虏

---

## 评判目的

为了评判目的是好是坏,我们首先要能对"好"进行衡量。这并不像听起来那么简单。总体来说,活着总比死了好,自由总比在监狱里好(除非自由的人在挨饿,而囚犯有饭吃)。但其他一些事情是有争议的。我们应该为了给一个国家带来民主而推翻他们的独裁者吗?民主一定是好的吗?

## 非常措施

在战争等紧急状态下,规则往往不同。逃兵会被枪决,地震后洗劫废墟中无人值守的商店的人会被枪决。为了防止一些无辜的人对国家构成威胁,他们可能会被审讯,甚至被投进监狱。在第二次世界大战期间,即便没有证据表明美国的日本裔和英国的意大利裔在为敌人工作,他们还是被遣送到了俘虏收容所。大多数人认为这是两害相权取其轻——比起万一让他们对整个群体造成危害,把这些无辜的人关起来造成的伤害要小一些。

这是以一种功利主义的方式来判断目的是否能说明手段的正当性。

另一种观点甚至不打算证明手段的合理性。一些政治哲学家认为，在战争中，如果目的（战争的原因）是正当的，那么任何手段都是正当的；如果无辜平民必须为速胜而牺牲，那就牺牲吧。还有人认为，某些行为，比如轰炸医院，永远都不可能是正当的。在现实中，战争的残酷往往超出了道德立场所能给出判断的界限。一些哲学家采取了更务实的观点，认为道德判断不能适用于战争。还有人看得更远，说战争完全不在道德范畴之内。

"二战"结束时，日本原子弹爆炸造成的伤员。核武器造成的巨大人员伤亡能在某种战争目的下被认为是正当的吗

## 独裁者的观点

> "新君要避免残酷之名是不可能的,比起坐视不管,用几个例子杀鸡儆猴、平息混乱终究要仁慈得多。"
>
> 尼可罗·马基雅维利
> (Niccolò Machiavelli)

在《君主论》中,尼可罗·马基雅维利给政治领袖们提供指导建议时写道,他相信只要目的是正确的,它就总是能证明手段的正当性。对于一个君主(政治领袖)来说,正当的目的意味着保有权力。马基雅维利是非道德的,而不是不道德的。他所推崇的做法仅仅是为了成为一个成功的统治者。他拒绝专制,不是因为专制是错误的,而是因为它可能会引来许多敌人以及政权被推翻。

### 严刑拷打是正当的吗?

"水刑"和"特别引渡"(将嫌疑人送往允许严刑拷打的国家)等手段,使人们对战争中允许的行为类型以及为确保目的实现而采取的可能正当或不正当的手段产生了疑问。

使用功利主义观点支持严刑拷打是可能的。如果通过严刑拷打获得的信息能够保护无辜者,那么对被拷打者的伤害可能会为更大的利益所抵消。反对严刑拷打的论据可以是实用主义的(严刑往往不起作用),也可以是出自道德考量的。一种观点是,我们自己的道德状况会因为自己参与拷打等不道德的行为而受损,也就是说,严刑拷打可以对拷打者造成精神伤害。赞成严刑拷打的人通常会给这种做法起别的名字,比如"强化审讯方法"。这变相承认了严刑拷打是不被人接受的(而且根据国际条约,严刑拷打是非法的)并试图掩盖它的坏名声。但这种不诚实是否只是加重了严刑拷打行为的不道德程度而已?

# 第19章 完美社会是否可能?

穷人会一直存在吗?我们能否创造一个对所有人都公平的世界?

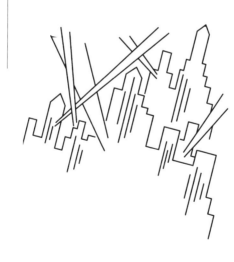

一些人会对现代社会，以及自己所在国家和地区的政府有所抱怨，这不稀奇。历史上任何一届政府都可以在他们的工作报告上添上一句"本来可以做得更好"。但是，有哪个社会能真正做到完美呢？

## 想象一个完美城邦

2400年前，柏拉图写出了《理想国》，在这本书中，他研究了在一个虚构的国家中如何最好地进行治理。在柏拉图的理想城邦模型中，掌权者是哲学王，并且他们的行为会受到相当大的限制。在他看来，只有哲学家才能看到正义的"理念"（形而上学的完美概念），因而他们最有能力让社会接近正义。柏拉图不喜欢民主，认为民主制是继僭主制之后第二糟糕的政府形式。

另一个虚构社会是托马斯·莫尔（Thomas More）在《乌托邦》中所描述的社会。我们不知道莫尔到底想把这种社会视为理想典范，还是只想以此讽刺和批评当时的英国社会。乌托邦里没有私有财产，所有的货物都存放在仓库里，分发给需要的人。人们的房子

尽管僭主们看上去享受着美好的生活，但柏拉图让我们放心，僭主"永远不可能品尝到真正的自由或友谊"。这是恺撒大帝付出代价后才明白的

> "等到几个村庄合并为完整的共同体，大到几乎或完全可以自给自足时，城邦就诞生了。城邦产生于生活的基本需要，为了好的生活而存在。因此，如果早期的社会形式是自然的（例如，家庭与村庄），而城邦又是这些形式生长的终点，那么城邦也是自然的产物，而事物的自然本性就是其终点。无论是一个人或一匹马或一个家庭，每一个事物在生长完成以后，我们都会见到它的自然本性。"
>
> 亚里士多德，《政治学》

都一模一样，住户必须每10年搬一次家，以免对某一所房子产生过度的依恋。每户人家中都有两个奴隶，他们要么来自邻国，要么是乌托邦里的罪犯。每个人都穿得一样，必须定期在农场干活。每人都要学习一门有用的手艺，所有身体健

> ## 理 想 国
>
> 在柏拉图的理想国中,男女之间没有区别,他们接受同样的教育,扮演同样的社会角色。奴隶是不存在的,不过这个社会存在等级制度(4个阶层或阶级),社会流动性很小。孩子被全社会共同抚养长大,他们不知道父母是谁;成年人则以基因为依据相互配对生育。这消灭了家庭,也消除了家庭可能带来的裙带关系,让人忠于城邦和共同体的"善"。年轻人只学习有用的事物,不学诗歌等非必需的艺术。统治阶级不能拥有财富,以免滋生腐败,但生产者阶级可以有穷富之别。哲学王从战士阶级挑选而来且受到严格的约束。他们需要接受50年的教育,然后才能开展统治。

全的人都必须工作,男女在所有岗位上都具有平等的雇佣地位。从小展现出良好学习能力的人会被选拔为统治这个社会的官员,从儿童时期就开始接受特殊教育。官员必须工作出色才能留任。黄金是用来给罪犯做锁链的,所以人们对黄金不屑一顾;珠宝是给没到青春期的孩子们佩戴的。

> "莫尔所描写的乌托邦生活和其他大多数完美城邦的生活一样,枯燥得令人难以忍受。多样性是幸福的基本要素,而乌托邦里几乎没有多样性。"
>
> 伯特兰·罗素

在这之后出现了许多虚构的城邦,它们要么作为一种理想的政府形式被提出,要么代表作者对自身所处的不完善社会的讽刺。在讨论一个理想城邦应当如何治理时,所有人都回避了这个问题:完美社会是可能的吗?

## 全都一样?

柏拉图和莫尔采用了集体主义的方法,将社会看作一个独立的有机体,而不是个体的总和。如果认为对整个社会有益的事物也能最好地服务于个体,这是个不错的想法,但往往事实并非如此。很可能没有人愿意生活在这样的社会:他们的伴侣是根据基因被分配的,而他们的孩子要被带走共同抚养;他们不能选择房子的装潢、穿什么衣服、做什么工作。这些策略旨在减少嫉妒、不和谐和混乱,创造一个能平稳运行、满足所有人需求的成功社会。但并不是所有人都愿意生活在这里。

今天，我们更加重视个人的自由和选择以及个性的表达。大多数人反对过多的国家管制。我们的观点之所以改变了，也许是因为现在至少在发达国家，我们的许多基本需求得到了满足。自柏拉图时代以来，我们的生活重心已经发生了变化，我们的要求也越来越高。

> "在这种状况下（即对社会之外的自然的人而言），产业是不存在的，因为其成果不稳定。这样一来，凡是土地的耕种、航海、海运进口商品的使用、舒适的建筑、移动与卸除沉重物体的工具、地貌知识、时间记载、艺术、文学、社会等都将不存在。最糟糕的是人们不断处于暴力死亡的恐惧和危险中，人的生活孤独、贫困、卑污、残忍而短暂。"
>
> 托马斯·霍布斯（Thomas Hobbes），《利维坦》

## 为什么要有社会存在？

如果社会总是处于群体要求和个人要求之间的紧张状态之中，那我们为什么还需要社会呢？

亚里士多德认为，人们自然地聚集在一起形成社会。我们从集体生活中受益，它给我们安全感，让我们生产出比独自生活更多的货物，还让我们品尝到友谊的好处。因此，我们愿意在社会中牺牲一些自由生活并得到签订"社会契约"所带来的更大利益。

17世纪的英国哲学家托马斯·霍布斯对人类的看法更为悲观。他觉得如果我们不生活在社会中，每个人都为自己而活，我们就会无休止地互相争斗，无法完成任何有意义的目标。生活在社会中是个更好的选择，因为这样我们就不用一直警惕着别人带着棍棒接近我们了。我们放弃了自然权利以换取一种社会契约，这种契约以能够保护我们的道德义务束缚着我们。

霍布斯列出了许多自然法法条，不过他说它们不能真正被称为"法"，因为没有人来执行。其中，下面两条是最重要的：

- 每一个人对每一个事物都具有权利
- 在其他每个人都愿意这样做的情况下，每个人都应自愿放弃第一条的权利

人们之所以希望加入共同体并选择被另一个人或其

他人统治，其原因是"预想能通过这样的方式保全自己并因此而得到更满意的生活"。霍布斯认为，人类的欲望太多，想要建立一个以满足欲望为中心的社会是不可能的。相反，他认为社会可以围绕着避免最坏的恶这一点而建立，即避免因暴力死亡，因为人们很可能就这一点达成共识。

## "被迫自由"

与霍布斯相反的观点是，在"自然状态"中的人类比在社会中更高尚。18世纪的法国哲学家让-雅克·卢梭（Jean-Jacques Rousseau）认为，社会的约束会把我们最坏的一面暴露出来。通过签订社会契约，我们放弃了固有的、自然的自由。所有现存的社会（卢梭指的是18世纪中期的社会）都是在没有给人们应有的自由的情况下奴役他们。在一个正义的社会中，法律的制定和执行是为了所有人的利益，所以通过选择生活在社会中并接受社会契约，我们获得了自由。其实我们是"被迫自由"的，因为我们被迫遵守使我们获得自由的法律。卢梭否认我们有个人权利，因为人若生活在一个组织得当的国家里，就不需要个人权利。

## 革命的权利

大卫·休谟和约翰·洛克的立场处在霍布斯和卢梭之间，他们认为社会契约乃至整个社会，必须保证个人拥有和控制财产的权利。当人们聚集在一起组成社会

卢梭认为，社会给我们带来了想要别人所拥有的事物的想法，这导致了我们产生不满足、嫉妒、占有欲和不幸福。而在"自然"状态下，我们不会具有这些负面情绪

时，必然存在某种"君主"或领袖。君主的权力受到拥有和控制财产的权利的限制。如果政府违反了这一首要原则，人民就有权起来反抗，推翻政府，以重新确立这一原则。

## 谁来选择？

大多数国家都无法从一张白板开始选择一种政府形式，但如果可以，美国哲学家约翰·罗尔斯（John Rawls）有一个解决方案。他提出的理论被称为"作为公平的正义"（justice as fairness），旨在保护个人权利并同时促进社会资源的公平分配。人们将从"原始状态"出发，在"无知之幕"后面设计新的社会秩序：他们必须在不知道自己在社会中将处于何种地位的情况下设计法律体系。他们最终可能会是统治者，也可能成为最低阶层的工人和失业者。

## 左派和右派

左派和右派在政治上的对立主张反映了对社会作用的不同看法。左派倾向于公有制和公共供给,用自上而下的方法修复社会,使其顺利运转。右派政策支持私有制,对社会采取不干涉、放任的态度,他们相信自由市场最终会让一切问题自行解决,达到一种有效的平衡状态。右派政策有些符合达尔文的"适者生存"的进化模式。

一个社会对其贫穷的成员有什么责任?在维多利亚时代的伦敦,市场力量最终会导致平衡这一假设使得穷人生活在极端的困难之中

# 第20章 人人生而平等吗?

我们可能都认可平等的理念,但有多少人真的在提倡平等?

## 平等是什么意思？

社会中的平等有很多含义。例如，它可以表示权利的平等、机会的平等或资源获得的平等。但人的权利从何而来？我们真正拥有的是怎样的权利和平等？

《国际人权宣言》规定了现代世界所承认的人应享有的权利部分：

> "请记住，被你称为奴隶的那个人，他和你是同一个物种，同一片天空也在向他微笑，他和你享有同等的地位，和你一样呼吸、生活和死亡。"
>
> 塞涅卡（Seneca）

- 人人生而自由，在尊严和权利上一律平等（第一条）
- 人人有资格享受本宣言所载的一切权利和自由，不分种族、肤色、性别、语言、宗教、政治或其他见解、国籍或社会出身、财产、血统或其他身份等任何区别（第二条）
- 任何人不得对其他人施加酷刑，或施以残忍的、

不人道的或侮辱性的待遇或刑罚（第五条）

- 任何人不得任意逮捕、拘禁或放逐其他人（第九条）
- 每个人作为社会的一员，都有权享受社会保障，有权享受他的个人尊严和人格的自由发展所必需的经济、社会和文化方面的各种权利（第二十二条）

> "我们认为下面这些真理是不言而喻的：人人生而平等，造物主赋予他们若干不可剥夺的权利，其中包括生命权、自由权和追求幸福的权利。"
>
> 《美国独立宣言》

如此，等等。

## 我们生来就是自由且平等的吗？

早在古希腊，亚里士多德就指出，并非所有人生来都是平等的。有些人生来就是"为了"受奴役的奴隶，而有些人生来就是主人。但正如让－雅克·卢梭所言，这种说法颠倒了因果关系。一个出生在奴隶家庭并以奴隶身份长大的人，自然会成为奴隶，但如果他在出生时被人从奴隶父母身边带走，脱离了奴役，他就和其他人没有区别。没有人生来就是奴隶。

亚里士多德关于奴隶制的观点很快就受到了质疑。斯多葛学派提出，所有人的基本权利是平等的："我们为正义而生，这种权利不是基于个人的意见，而是基于自然本性。"（西塞罗）

社会地位不是一个人天生被赋予的特征，不能直接强加给任何人，即使是那些在战争中被俘的人也如此。这是个具有革命性的观点。

## 自然的、不可剥夺的权利

在启蒙运动期间，"所有人生来就拥有自然的、不可剥夺的权利"这一观点受到了重视。约翰·洛克认为这类权利包括"生命、自由和财产权"——这3种权利后来被写入美国《独立宣言》。不可剥夺的权利是那些公民在和政府签订社会契约时不能放弃或被攫取的权利。不能说是奴隶自愿放弃了他的权利，这种为奴隶制辩护的主张是无效的，因为这些自然权利是不能被放弃的。

其他不可剥夺的权利包括信仰权和人格权。许多政权都试图从公民身上剥夺这两种权利。对信仰不同的信徒的迫害在历史上一直很常见，而对个人人格的压制是20世纪极权主义国家的一个标志。

## "踩在高跷上的废话"

如果我们认为人类拥有自然权利，或者认为自然法则存在，那么也就必须接受有某种"自然的""正确的""正义的"事物"外在地"存在着。它的基础可能是共相的存在，也可能是上帝的存在，或是某种制定权利和规则的作为实体的"自然"的存在。

> "不能错误地认为，奴役能渗透到一个人的整个生命中。在主人的强力之下，身体确实是服从的，但心灵是独立的。而且心灵如此自由和狂野，甚至不能被身体这个囚禁着它的监狱约束。"
>
> 塞涅卡
>
> "（所有人都拥有）某些固有的自然权利，不能通过任何契约剥夺人或其子孙后代享有这些权利。"
>
> 《弗吉尼亚权利宣言》

杰里米·边沁认为,自然权利的概念是"踩在高跷上的废话",权利只能由政府创造或者通过社会传统发展而来。这些权利没有什么特殊地位,并非不可剥夺。如果它们不是自然的,它们也就具有文化上的相对性,随着时间、地点的不同而不同,在不同的传统与法律制度之下也彼此不同。

## 强权即"公理"?

边沁认为,权利只有在人们有着相互作用时,或者社会契约生效之后才会出现。试想一下,鲁滨孙·克鲁索在他的荒岛上与世隔绝的时候,他有权利吗?

> "每一个人应该对自己的信仰负责,确保自己信仰了正确的宗教。别人不能代替我信或不信,正如他不能代替我下地狱或上天堂一般;他不能强迫我信或不信,正如他不能为我打开或关闭天堂或地狱的门一般。这样,既然信或不信是每个人良心上的问题并且这并不会减少俗世的权力,那么俗世的权力应该只注意它自己的事,准许人按照自己的能力和意志相信事物,决不要用暴力强迫人。"
>
> 马丁·路德(Martin Luther)

抑或自然权利在他与世隔绝时是无意义的？当星期五出现时，鲁滨孙有"权利"把他当作奴仆对待吗？《人权宣言》能否对虚构岛屿上的他起作用，赋予他拥有财产的权利？《人权宣言》能否给予星期五拥有某座岛屿的权利？

2500年前，雅典的卡里克利斯（Callicles）认为，我们之中最强大的人将会统治世界并且理应如此，这是唯一的"自然"状态。社会达尔文主义将"适者生存"的概念应用于社会（尽管不是出自达尔文本意），以证

> "权利不是教条的产物，而是权力的产物。所有的法律、戒律以及诸如'己所不欲勿施于人'之类的教条，它们的权威无论如何都不是内在的，而是从棍棒、绞刑架和刀剑中获得的。一个真正自由的人没有义务服从任何命令，无论这命令来自人还是神。服从是堕落的标志，不服从是英雄的象征。"
>
> 列夫·托尔斯泰（Leo Tolstoy）对社会达尔文主义小册子《强权即公理》的立场的总结

明弱肉强食的正确性。如果人们拥有"某些不可剥夺的权利"，那这些权利从何而来？如果它们是社会赋予的，那么它们就不是普世的，也不是自然的。

## 自然的不平等

快速回想一下人类的总体情况,我们就会发现,即使我们生来就拥有平等的自然权利,也并非生来就拥有平等的能力。有些人比其他人更强壮、更漂亮、更聪明,也更有音乐天赋。个人的素质和能力是不平等的,社会会赋予某些人比其他人更高的价值。

不同的文化重视不同的品质。在过去,体力是一个比现在更有价值的属性,因为现在我们用不着打败猛兽,也不用靠狩猎来获取食物。一些品质被赋予了看上去不合逻辑的价值:我们付给职业运动员很多钱;我们非常看重一些演员、作家、画家和音乐家的价值。我们在自然能力上不平等的事实创造了不同的价值,而不同的价值又产生了进一步的不平等。

## 机会平等?

机会的平等或待遇的平等并没有得到普遍承认,但一些法律制度保护了这两种权利。这两种平等是很难实

在 20 世纪 20—70 年代，以色列集体农庄里的孩子们是在共同抚养的环境下长大的，他们每天只有两三个小时和父母在一起。在集体农庄长大的努里特·勒谢姆（Nurit Leshem）说："我们被教育要成为一个模子里刻出来的人，但我们最终仍然各不相同。"

现的，因为孩子们和不同的父母生活在一起，起跑线都不一样。有钱人可以对自己的孩子进行更多的教育投资，让他们拥有用金钱买来的明显优势，而其他人无法得到同样的优势。这种做法对吗？

## 什么是机会？机会能有多平等？

很难定义何为机会平等。要想让每个人的潜能有平等的实现机会，供给端就必须是不平等的：同样的音乐课程对有音乐天赋的孩子有好处，但对于擅长体育的孩

> "必须允许共同体的每个成员获得任何……他的才能、他的勤奋和他的运气所能带给他的社会地位,而且其他人不能(因为有)世袭特权而阻碍他得到这一地位。"
>
> 伊曼努尔·康德

子则未必。

与现有社会的所有其他问题一样,我们并未生活在公平的竞争环境中。有些人天生就有优势,有些人可能因为历史原因而有劣势。一种解决办法是使用"积极歧视"政策[①]或罗尔斯的"公平的机会平等"原则来弥补劣势。这是一个有争议的措施,招致了许多异议,尤其是因为它恰恰做了它应该反对的事情,即因为出身、种族、性别等方面而偏袒一个人。

政治哲学家罗伯特·诺齐克(Robert Nozick)和经济学家米尔顿·弗里德曼(Milton Friedman)反对机会平等政策,因为他们认为这些措施限制了其他人选择雇谁,以及以他们认为合适的方式使用自己个人财产的权利。

---

① 对因种族、性别等原因遭歧视的群体在就业等方面给予特别照顾。——译者注

## 有些人比其他人更平等

乔治·奥威尔在其小说《动物农场》中描写了一场旨在追求人人平等的革命最后迅速变成了一个压迫性社会,在其中,一些人飞黄腾达,而另一些人却忍饥挨饿。

经济学家发现,要创造一个不存在横向不平等(即起点相同、能力相当的人之间的不平等)的社会是不可能的,甚至连给它建立一个模型都不可能。罗伯特·诺齐克举例说明了不平等是如何产生的。一名运动员(诺齐克以篮球运动员张伯伦为例)表示,只有在每个观众都支付25美分的情况下,他才会在公开场馆打比赛。到赛季结束时,这位运动员已经有了25万美元,因为很多人想看他打比赛。观众们自愿每人给张伯伦25美分,我们凭什么从其中拿走一些呢?机会平等包括成功或失败的机会平等、富裕或贫穷的机会平等,这让它与结果平等本质上是不相容的。我们更倾向于哪种选择?右派喜欢机会平等,左派喜欢结果平等。

苏联虽致力于打造平等对待所有公民的社会,也仍然有识别并培养体育和音乐人才的计划——但这是为了国家的荣耀,而不是个人的自我实现

许多经济发达国家的人支持机会平等,但又想限制移民的涌入。我们在自己的土地上立法公平对待所有员工,却同时在购买海外血汗工厂的工人制造的廉价商品。我们说男人和女人有平等的权利,不同种族背景的人也有平等的权利,但事实是女性的平均收入比男性少,黑人比白人挣得少而且更有可能进监狱。在我们心中,真的是所有人都生而平等,还是只有"与我们相似的人"才能生而平等?

# 第21章 该不该杀一人而利天下?

## 如何权衡个人权利与集体权利?

2013年，塞浦路斯的经济状况出现了严重危机。塞浦路斯政府史无前例地采取了一项不受欢迎的政策：存款超过10万欧元的银行账户，政府没收其60%的存款。此举是为了特别针对那些将塞浦路斯视为避税天堂的俄罗斯寡头，但也不可避免地影响到了一些塞浦路斯的普通公民。政府相信，通过获取这些富有的投资人的资金，该国可避免货币和银行业的崩溃，从而让更多更贫穷的塞浦路斯人不会生活在更大的困苦中。这个理由能证明塞浦路斯政府行为的正确性吗？

## 最多数人的最大利益

> "促进幸福的行为是正确的，反之则是错误的。"
>
> ——约翰·斯图亚特·密尔（John Stuart Mill）

塞浦路斯政府攫取金钱的行为可以使用功利原则来自我辩护。功利主义原则的前提是：行为在道德上是好是坏，取决于它们能在多大程度上使幸福最大化，使痛苦最小化。相较于其他选项，那些能给大多数人带来最大利益的行为是应该被选择的。"幸福"就是追求快乐和摆脱痛苦的自由。快乐不仅仅是美酒、女人（或男人）与歌声，还包括更高层次的理智上的快乐。

功利主义是无私的、平等的，甚至可能有些过了头。每个人的幸福都以相同的标准来计算，所以有时候功利主义需要个人的牺牲。大多数道德和法律规范，甚至良好的行为举止，大致上都是建立在功利主义基础上的。如果我们禁止偷窃，那一般能得到最好的结果，因为我们都可以相信自己可以劳有所得。不然，我们会花很多精力小心翼翼地提防别人，看看是谁想蹑手蹑脚地偷走我们的烤肉或平板电脑。总的来说，功利主义的效果似乎相当不错。

> "追求快乐、摆脱痛苦是人唯一渴望达到的目的。……所有为人所渴望的事物之所以为人所渴望，要么是因为其本身固有的快乐，要么是因为它们可以作为一种手段来催生快乐、阻止痛苦。"
>
> 约翰·斯图亚特·密尔

## "幸福计算"

我们并不能总是明显地看出哪种行为会带来最大的好处。杰里米·边沁是古典功利主义的创始人,他提出了"幸福计算"(felicific calculus)以解决这个功利主义道德中的难题。"幸福计算"需要考虑一个行为所带来的所有快乐和痛苦,然后按照以下 6 个标准来进行估算:

- 强度
- 持续时间
- 确定性或不确定性:快乐或痛苦发生的可能性或不可能性
- 邻近度:多久会发生
- 影响力:有多大可能产生更多同样类型的感觉
- 纯度:有多大可能产生更多相反类型的感觉

快乐和痛苦的总分必须乘以被这两种不同方式分别影响到的人数。如果计算结果显示一个行为带来的快乐更多一些,那么这个行为就是被认可的;如果计算结果显示它最终所带来的是痛苦,那么这个行为就是个坏主意。

## 作为交易品的人

功利主义在逻辑上存在反对意见。其中一点是，它把人类的幸福当作经济体中的商品来交易，这看上去有违人性，似乎是在容忍多数人对少数人的暴政。如果有10万个罗马人都喜欢在竞技场里观看奴隶被狮子撕碎的场面，那么观众的快乐是否比奴隶的痛苦具有更高的价值呢？我们可以说，奴隶所承受的巨大的痛苦，足以超过现场观众们的快乐。或者也可以说，观众并没有享受到真正的快乐，观看这样的比赛所带来的堕落更应该被称为痛苦而不是快乐。

还有其他一些例子，对其中一个问题的常识性回答和功利主义的回答是不一致的。

有时，一个人可能会因个人情感而不去做"正确的"事情。假如你和另外10个人一起被扣为人质，劫匪想要杀死某个特定的人，但无法确定那个人的身份，而你知道那个人是谁。如果没有人指认目标，劫匪就会杀掉一半人。如果你指认了那个人，他们就会杀了他。你会指认那个人吗？如果你就是那个人呢？如果那个人是你的孩子或配偶呢？

杰里米·边沁死后，遵照他的遗愿，他被做成了一个"自动肖像"（auto-icon）。人们剖开他的身体，在骨架上垫上稻草，然后给他穿上衣服。肖像的头是个蜡像，因为他真正的头颅看起来令人毛骨悚然（在他的两脚之间），通常不予展示。"边沁"有时会出现在伦敦大学学院的会场上并被标记为"在场但没有投票权"的人

功利主义会要求你指认出那个人，救下5个人。但你的良知、情感和自身利益都可能影响你的决定。功利主义的一个问题是，它要求我们客观冷静地按照数学的逻辑行事，而人们很少能做到这样。

## 富人和穷人

所有的经济体系都试图找到一个将富人的钱再分配给穷人的平衡点。为多数人争取最大的利益是保持权力

的有效方法。在民主国家，人们不会投票给一个找不到恰当平衡点的政府。在最坏的情况下，人们会起来推翻将平衡点设置得极其不当的政府。但如果大多数人都很快乐，政府就很可能会保持稳定。

---

**思想实验：不宜病人居住的医院**

假设医院里有5个生命垂危的病人，他们都需要器官移植才能活下来。这时一个没有重大疾病的病人来做常规手术。外科医生能不能假装手术出了意外，把他杀死，然后用他的器官救下另外5个人？杀一人而救5人是不道德的吗？还是说医生应该治愈那个患有普通疾病的病人，让其他5个人死去？常识告诉我们外科医生不应该杀死那个患有普通疾病的病人。如果问为什么，大多数人会说那5个人的死是随机不幸事件，而故意杀死一个本可以恢复健康的人则是谋杀；也可能会说，医生无权决定谁该活着、谁该死去。但既然医生能清楚地看到两个选项，难道他不是无论如何都已经做出了选择吗？

---

人们对2007年开始浮现的金融危机的普遍看法是，

与劫机者谈判需要在当前受威胁的生命和未来出现更多劫机者这一可能后果之间权衡

这场给大量穷人带来痛苦的灾难是由少数人的贪婪导致的。"99%运动"声称他们代表了99%的社会,也就是有99%的人没有从金融泡沫中受益。对数字的使用利用了人们天生的功利主义倾向,即相信能否给最大多数人带来最大利益,是计算一个行为道德与否的最佳方式。

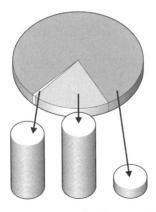

在金融危机爆发之前的2007年,美国最富有的1%人口拥有43%的财富。底层80%的人只拥有7%的财富

1%的人拥有美国总财富的43%   19%的人拥有美国总财富的50%   80%的人拥有美国总财富的7%

第22章

# 如何定义有美德的生活？

是否可能做到一直『以己所欲施于人』？

我们希望别人如何对待我们，我们就应该如何对待别人，这是黄金法则的要义。

## 有美德的生活

想过最为纯洁、最为高尚的生活的人非常少。要过上这种生活，方法之一就是用你的一生去服务他人，或至少在与他人的交往中真诚地对待他们。另一种方法是抛却日常生活中的浮华，通过沉思或祈祷寻求某种形式的启迪或宁静。迄今为止，似乎还没有哪个哲学家是以住着4所房子、养着一群高头大马、开着游艇的方式过着有美德的生活。

> "骆驼穿过针的眼，比财主进神的国还容易呢。"
>
> ———
> 钦定版《圣经·马太福音》，19:23

## 无私的生活

希腊哲学家第欧根尼（Diogenes）极力摒弃物质财

产。他住在市场上的一个大罐子里,让自己拥有尽可能少的东西,是一个做到极致的苦行僧。他只拥有几块破布和一只用来喝水的碗。至少,他最初还有一只碗,但当他看到一个小男孩用手做成杯子的形状来喝水时,他意识到碗也是个奢侈品,没它也能活。于是他把碗扔在地上摔个粉碎。他靠别人给他的或自己找到的食物过活,一分钱也不挣,因为钱财显然是他所鄙视的物质主义象征。他要求追随者故意让自己暴露在旁人的唾骂和嘲笑之下,以此体现自身的超脱。

第欧根尼生活在一个罐子里,为了实现个人思想的启迪,他抛弃了所有的物质财富

> "不论做什么，总应该做到使你的意志所遵循的准则永远同时能够成为一条普遍的立法原理。"
>
> ——伊曼努尔·康德

康德的绝对命令认为，你应该像希望所有人对你那样对待别人。这个说法被镌刻在查尔斯·金斯利的《水宝宝》(*The Water Babies*)中的"将心比心夫人"(Mrs. Doasyouwouldbedone-by，见本章首页)这一人物形象中。康德的道德禁欲主义认为，行为的对错并不取决于其结果，而取决于它们是否履行了我们的义务。决定某种特定行为方式是否"正确"或道德的不是我们，而只能是实践理性。康德说，美德需要"集中一切力量来克服它所必须克服的障碍……（并且会）牺牲许多生活的乐趣"。但是，它也不是如此沉闷，正如他接下来说的那样，美德在于"愉快的心境"、一种强烈的内在价值感以及"对个人充分自由的意识"。

## 一种平衡

中世纪欧洲有许多流浪的苦行僧和修道士，他们靠慈善捐助生活，作为回报，他们为社会上供养着他们的

人的灵魂祈祷。他们用祈祷和智慧这两种人们认为有价值的商品来交换食物和其他必需品。每个人对苦行僧的

## 叙利亚风钢管舞

柱上修士（the stylites）是早期基督教苦行僧，他们住在沙漠里的柱子或杆子上。创造这种流行方式的人可能是柱上修士西门，他于423年在叙利亚登上柱子并一直住在那里，直到37年后去世。这样的柱上修士还有许多。塞勒斯的狄奥多勒（Theodoret of Cyrus）是西门的同时代人，他曾写道，他见过一位隐士在一个挂在柱子上的桶里住了10年。据说圣·阿利皮乌斯（St Alypius）也建造了一根柱子，在上面住了67年。在最初的53年里，他一直保持着站姿，后来他的双脚渐渐承受不住压力，才躺了下来。令人难以置信的是，据说他活到了118岁。

为找到虔敬所需的宁静，柱上修士西门在一根柱子上生活了37年

馈赠都是出于自己的意愿，而且毫无疑问，他们觉得自己的慈善行为正在使自己变得高尚，或能让自己获得某种解脱。

康德的道德律通常指责的是自私的生活方式。如果每个人都想像亿万富翁一样生活，社会就会崩溃；最近的证据就是2008年银行业崩溃所引发的金融危机。太多人过着超出自己支付能力的生活，不管是他们的收入还是社会生产力都支撑不起这种生活方式。

许多系统的建立都是基于这个前提假设：大多数人都会做"正确"或道德的事。这些系统包括社会保障体系，只要大多数人缴纳费用，而领取福利的人对此有真正的需求，福利体系就能发挥作用。还有国家疫苗接种计划，通过建立"群体免疫"来控制危险疾病。在每个社会中都存在着一种重要的平衡，这就是为什么个人的需求通常服从于多数人的福祉——更大的福祉。

疫苗接种之所以有效是因为"群体免疫"现象。选择不接种疫苗意味着多数人可能会因少数人而处于危险

## MMR：绝对命令的实践教训

1998年，发表在医学杂志《柳叶刀》上的一篇欺诈论文声称，保护儿童不感染麻疹、腮腺炎和风疹的三联MMR疫苗可能会导致自闭症。结果，让孩子接种疫苗的父母数量减少了。到2008年，麻疹再次在英国局部流行（在人群中传播），而在此之前的14年

里，麻疹病例正在稳步下降，这是疫苗接种人数减少的直接后果。MMR预防的疾病可对儿童健康造成长时间伤害，甚至导致死亡。

当有足够多的人接种疫苗时，少数没有接种的人就会受到"群体免疫"的保护——大多数人的免疫让疾病很难传播。而当接种疫苗的人数不足时，所有未接种疫苗的人都会变得脆弱。父母是否有权指望别人为自己的孩子形成群体免疫屏障（他人负责任行为的结果），不让孩子冒着小小的风险注射疫苗？

随后，科学家证明了疫苗不会导致自闭症，但群体免疫力的丧失导致了许多病例出现并在英国造成4人死亡。

# 第23章 机器能自己思考吗?

## 人工智能的局限是什么?

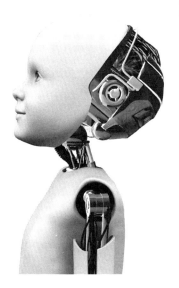

科幻电影和科幻小说常常会描写这样一个世界，那里的人工智能机器人接管了一切，然后消灭了人类。这是有可能发生的事吗？我们是否应该放任事态发展到如此境地？

## 一种原始恐惧？

"机器人"（robot）一词最早出现在1920年捷克作家卡雷尔·恰佩克（Karel Čapek）的戏剧《罗素姆的万能机器人》（*Rossum's Universal Robots, R.U.R.*）中。这部戏剧中的机器人最初是作为奴隶而被打造出来的，它们长得一模一样。后来它们反抗主人，试图毁灭人类。因此，对机器人掌控人类的担忧与对机器人的想象一样有着古老的历史。虽然机器人掌控人类看上去不太可能出现，但有这种可能性吗？机器人的主动反抗需要人工智能（AI），即某种推理或学习机制，而不仅仅是简单的程序运行。

> **机器人学三定律**
>
> 科幻小说家艾萨克·阿西莫夫(Isaac Asimov)在其1942年出版的短篇小说《转圈圈》(*Runaround*)中阐述了机器人学的三大定律:
>
> - 机器人不得伤害人类,或因不作为而使人类受到伤害
> - 除非违背第一定律,机器人必须服从人类的命令
> - 在不违背第一及第二定律的情况下,机器人必须保护自己
>
> 后来,阿西莫夫又加了一条"第零定律":
>
> - 机器人不得伤害人类整体的利益,或因不作为使人类整体利益受到伤害

## 奇点

1993年,数学家弗诺·文奇(Vernor Vinge)提出了一个被称为"奇点"的阶段,到了奇点之后,AI的理解能力将超过人类并且能自行设计出更好、更强大

的人工智能，它们的智能很快就会远远超出我们的理解能力。文奇说，到了奇点，"人类的时代将会结束"。许多科幻作家假设机器正在控制我们、毁灭我们、把我们当作奴隶或者甚至为我们创造一个天堂般的居住地，他们这种想象的出发点都在奇点以后。由于人工智能比我们所能想象的任何东西都更聪明，所以我们无法预测它们的未来。按照计算机的发展趋势，我们能得出的最好预测，或最好的胡猜乱想是，人工智能奇点将会在2025—2045年间来临。

> "即便现在机器几乎没有任何意识，我们也不敢有丝毫保证，认为机器最终发展不出意识。软体动物也没有多少意识。请回想一下机器在过去几百年里所取得的飞速进步，再看看动物和植物王国的进步是多么缓慢吧。同已成为历史的所有时间比较起来，与其形容高度组织化工作的机器是昨天被我们创造出来的，不如说它们是在刚刚过去的5分钟内被我们创造的。"
>
> 塞缪尔·巴特勒
> （Samuel Butler），
> 《埃瑞璜》（*Erewhon*）

## 什么是智能?

现在还没有一个被普遍接受的关于"智能"的定义,因此很难确切地说明"人工智能"的含义。多数人会认为,智能不是简单地通过遵循规则来解决问题的能力——在这方面,计算机已经比我们强多了。智能似乎涉及一种学习的能力,它能形成创造性的跳跃,能在事物之间建立联系,或者是看到那些并不明显的关联。人类的智能让他们讲笑话、用比喻,体会并使用细节表达,阐释情境,以及从他人的行为中寻到蛛丝马迹。

### 被禁止的人工智能

在科幻作品中，除了有机器人掌控一切的场景外，也有人工智能被禁止或被击败的场景。在弗兰克·赫伯特（Frank Herbert）将背景设定在遥远未来的小说《沙丘》（*Dune*）中，有一个叫作"巴特勒圣战"的幕后故事。在《沙丘》（1965年版）的故事发生的一万年前，一场叛乱后，某些技术被禁用了，包括人工智能和计算机。人们还颁布了戒律："汝等不得创造像人一样思维的机器"，禁止再次发明它们。

理论上，人工智能机器人医生能比人类医生更准确、更迅速地诊断疾病。它可以储存数百万种病症的详细信息，将其与病人的症状相关联并推荐治疗方法。

但人类医生仍然有着独特之处（目前而言如此）。通过使用他或她的直觉和经验，人类医生可能会知道一个胃痛的病人是否患有潜在的疾病（例如抑郁症），而这些疾病可能是患者因尴尬或害怕而不敢谈论的，电脑可能看不出来。

## 我们距离目标有多近?

我们或者已经有了真正拥有智能和意识的计算机,或者距离实现它们还有好几年,这要看你问的是谁。

神经学家指出了动物大脑的复杂性并认为除了最简单的有机体,计算机还不能模仿任何事物。整个互联网还不如一个人的大脑中的连接复杂——这还没算上大脑能做的所有其他事情。计算机科学家使用的是模拟神经元的方法并开始以模块化的方式构建"大脑",模拟真实(但不一定是人类的)大脑和神经系统的结构。一些人工智能研发人员认为,实际上没有必要通过模仿人类的大脑来开发智能。

---

### 图灵测试

计算机先驱艾伦·图灵(Alan Turing)设计了一个测试,以判断人工智能是否已实现以及一台计算机是否可以被称为像人一样思考。如果在一次谈话中,人类提问者无法将计算机与另一个人区分开来,那么计算机就通过了图灵测试。图灵相信,让计算机模拟儿童的心智，然后教育这个"儿童计算机"，可能要比直接造出一台有着像成人一样心智的计算机要好。

对图灵标准的一种反对意见是，它要求机器的智能与人类的智能非常相似。正如斯图尔特·拉塞尔（Stuart Russell）和彼得·诺维格（Peter Norvig）在他们的教科书《人工智能：现代方法》（*Artificial Intelligence: A Modern Approach*, 1995）中指出的那样，在我们承认飞机能飞之前，我们并没有要求飞机的飞行能力比起鸟类来足以乱真。实际上，正是在我们不再尝试模仿鸟类的飞行方式之后，才成功造出了能用的飞机。

## 但它会是大脑吗？

如果我们能够制造出一个人类大脑的电子复制品，或者一个智能的非复制品，它就"算是"一个大脑或者和大脑一样智能吗？哲学家对这个问题莫衷一是，即使这个人造物表面上可以执行

> "如果一台机器表现得像人一样拥有智能，那么它就和人一样是智能的。"
>
> 艾伦·图灵

和人脑相同的功能。

1980年，美国哲学家约翰·塞尔提出了一个思想实验（他称之为"中文屋"）来说明人工智能为何不具有理解能力。想象一下，让一个人坐在一个封闭的房间里并且递进去用中文写的问题。这个人不懂中文，但他手头有一本大书，可以从中查阅问题并找到合适的答案。他把自己的答案递出去，屋外的人都会认为他好像懂中文。类似地，人工智能也可以表现得好像有理解力，实际上却没有。塞尔区分了他所谓的弱人工智能和强人工智能：

- 弱人工智能：一个物理符号系统（实际上就是计算机），它可以智能地动作
- 强人工智能：一个拥有心智和心理状态的物理符号系统

哲学家们所关注的是强人工智能。

早期的人工智能研发人员假设大脑按照某些规则将信息分批处理，他们认为这种机制可以由机器复制。但是，无意识本能是人类智慧和专长的关键，而这不能由一套可以让计算机遵循的规则或算法来重现——人工智

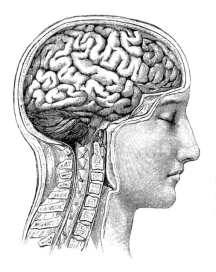

电子大脑:2005年,一个有着$10^{11}$个神经元的人脑计算机模型,花了50天时间做了相当于一秒钟的"大脑活动"

### 哲学僵尸

机器是否能够具有心智的问题是"他心问题"的一个版本,后者问的是我们是否真的能确定任何事物或任何其他人是具有心智的。如果你发现你是唯一存在的有心智的人,而其他人都是有血肉的自动机,或者说是"哲学僵尸"时,你会有什么感觉?

能医生因此具有局限性。美国哲学家休伯特·德雷福斯(Hubert Dreyfus)在谈到人工智能的这一局限性时说,真正的人类智能和专长不是"知道那个"(事实性知识),而是"知道怎么做"(可称之为"行动性知识")。

图灵注意到,人类的直觉很可能是遵循规则的——只是这些规则可能还没有被我们观察到。在这种情况下,机器智能可能在某天也能模拟出人类的直觉。自20世纪70年代德雷福斯的工作以来,人工智能的研究已经转向神经网络和进化算法,旨在专门处理早期模型中没有模仿的那种无意识过程、情境和联系。

## 从事物到存在

有智能是一回事,而有意识则完全是另一回事。同样,我们对于什么是意识、意识在哪里或如何存在等问题并未达成共识。约翰·塞尔认为,意识产生于神经元的聚集,就像潮湿这一属性产生于水分子的聚集一样。根据这种说法,有智能的机器也是有意识的机器。

我们能想象出不同于人类意识的意识类型吗?美国哲学家丹尼尔·丹尼特声称机器是已经有意识的,甚至恒温器也是"有意识的"。但这不是大多数人认同的观点。

如果机器有意识,它就打开了一个全新的潘多拉魔盒。一个有意识的机器能感觉到希望、绝望、痛苦、愤怒、爱、好奇、嫉妒、渴望和骄傲吗?如果它能感觉到这些的话,它有权利吗?我们对这样的机器,或者说,这样的一个存在,负有什么责任?这些问题在科幻小说和科幻电影中都被详细地探讨过。

## 应赋予机器多大权力?

我们对技术的过度依赖正在许多方面让自己变得更加脆弱。失控的计算机算法是导致2007—2008年金融危机的祸首之一。布莱克-舒尔斯数学方程在金融市场占据着核心地位,对它们的不当使用使得金融衍生产品(不是真正的产品,只是虚拟币或者假想出的利润前景)达到了每年1 000万亿美元的交易规模。这是一个世纪以来全世界生产的所有实际产品价值的10倍。由于计算机能在电光火石间做出决定,事态可能会非常迅速地失控。电脑给了我们制造更多事物、做更多事情的能力,我们也让它们有了造成更大破坏的机会,甚至它们不需要为此发展出邪恶的智能。

> **机器人之爱**
>
> 在史蒂文·斯皮尔伯格执导的电影《人工智能》（2001）中，一个名叫大卫的仿生人小男孩的程序让他有了表达爱的能力。在他的"印记程序"被启动后，他与一个女人建立了强烈的情感联系，成了后者儿子的替代物。大卫的爱永远不会消失，即使在 2 000 年后，人类已经灭绝，他也仍然爱着养母。对于爱我们的机器人，我们应负有什么责任？
>
> 在日本，政府为研发老年护理机器人的公司提供 50%—60% 的研发补贴。日本护理人员严重短缺，机器人可能会填补这一缺口。我们应该如何看待人们对机器人的依赖以及可能产生的情感依恋？

## 机器人杀手来了

无人载具（无人驾驶的、计算机化的车辆和武器）在战争中的使用备受争议。军方认为，让无人载具执行位于敌方领空或领土的危险任务可以挽救许多士兵的生命。但反对使用它们的理由是，我们正在允许技术做出杀死人类的"决定"。它们是否真正做出了"决定",还是个有待商榷的问题,毕竟无人载具寻找、识别、处理目标都是按指令行事。

使用无人载具的理由在很大程度上是功利主义的——它在摧毁特定目标(通常是隐藏在敌方领土深处的叛乱分子)的同时,可以使附带伤害最小化。但这里存在哲学家所说的"事实与价值"的混淆。使用无人载具杀死目标很容易,但这并不意味着我们就应该这么做。

反对使用无人载具的理由也涉及功利主义观点并具有道德关怀。反对意见认为,无人载具导致意外伤亡的例子确有发生,并且从来没有任何证据可以证明使用无人载具比未提出的其他替代方案(如大规模轰炸)更好。它抨击这种脱离人类参与的杀戮方式带有"玩游戏机的心态",质疑这种方法是否可以被人接受。

使用无人载具也会对心理和精神造成创伤。五角大楼2011年发布的一份报告显示,30%的无人载具操作人员因感到"存在性危机"而滥用酒精或毒品。无人机操作员以一种相反的方式感到了同样的危机,因为杀戮对他们而言已经变得"常规化"。无人载具是被秘密使

> **我们能限制知识吗?**
>
> 知识可以带来好处,也可以带来危险。自从《圣经》中描写人类因智慧而堕落以来,知识就与危险联系在一起。亚原子物理学的知识使核武器成为可能,但它也给我们带来了核磁共振成像和计算机X射线轴向分层造影扫描等医疗技术。对基因组的了解有助于我们改良作物和治疗疾病,但也可能给恐怖分子带来释放致命病毒的能力。是否有些类型的知识过于危险,是我们不能追求的?我们是否应该因为它能带来潜在的灾难而限制某些领域的研究,就像我们出于伦理原因限制科学研究一样?如果一个邪恶天才先我们一步突破研究,我们是不是就无能为力了?

用的,它的目标是由政界高层和军队领导人选择的,这种透明度的缺乏可能是一个政治和哲学问题。不过,一些哲学家认为,伦理并不适用于战争领域。

# 第24章 我们被监视了吗？

政府声称监控可以保护我们,但我们的隐私要付出怎样的代价?

在一些城市里，无处不在的摄像头盯着人们。如果把政府对电子邮件、电话、短信和网络活动的监控也算进去，就会觉得人们的生活几乎没有隐私可言。大规模监控是好还是坏？它有用吗？如何在保护公众与保护个人隐私之间取得平衡？

## 正在被记录

摄像头有两个不同的用处：威慑和侦查。它们记录了一个地区的活动。如果发生了犯罪活动，它们可以为警方提供可能的证据，协助调查。它们还可以让人们打消犯罪的念头，因为摄像机可以记录下来犯罪过程，所以你就不会做些会让你陷入麻烦的事情了。

## 时而看得到，时而看不到

如果你觉得自己能逃脱惩罚，你会犯些什么罪呢？也许不犯大罪，但能不能犯些小罪，比如为了抄近道而溜进一条"专用通道"？

如果有一个警察站在专用通道的尽头,很少有人会在这种情况下将车开进这条路,以免自己惹上麻烦。不过,警察不太可能天天都在那里。下次警察不在的时候,人们又会用它抄近道。现在,假设警察不是站着不动,而是大摇大摆地在路上走来走去。这会儿看起来好像没有警察,但没有人能确定,也许警察就在稍远处的地方站着。如果你将车开过去,也许还是会碰上麻烦。所以你选了另一条路。

这是个反直觉的结论:警察可能的在场与确定的在场起到的威慑作用至少是一样的,甚至前者比后者的威慑作用更大。

在后一种情况下,如果警察不在,他就没有威慑作用。如果地方当局的治安工作繁重,而人手又少,他们就可以

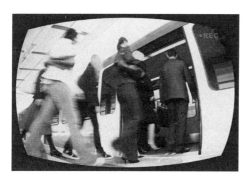

摄像头是否真的能减少犯罪是有争议的

让警察在几条街道上走来走去,起到威慑作用。他不必一直在每条街道上被人看见,但仍然能造成影响。

## 内疚、羞耻和恐惧

某人之所以决定不做被禁止的或不道德的事情,可能的原因有:

- 对惩罚的恐惧。如果恐惧是唯一的威慑,那么在惩罚的威胁消除之后,他很可能就会做出这种行为
- 羞耻。羞耻的产生需要目击者的存在;只有当我们得知别人知道我们做了不道德或非法的事情后,我们才会感到羞耻
- 内疚。内疚是私人的;如果我们后悔自己做过某件事情,无论这件事有没有产生不良后果,也无论他人是否知道我们做过这件事,我们都会感到内疚

内疚标志着道德体系的内在化;恐惧可以在没有道德意识的情况下存在。处于两者之间的羞耻需要做出行为的人对道德体系有所认识,但并不要求他认可该体系内的道德观。

## 当心,他们无处不在

18世纪末,英国哲学家杰里米·边沁试验性地设计了一个监狱,其背后的原理就依赖可能在场也可能不在场的警察。这个监狱被称为"全景式监狱"(panopticon),其建筑结构是圆环状,每个囚犯都被关押在一个面对中央瞭望塔的牢房里。塔楼里坐着一名守卫,四周都有窗户,但上面安装着百叶窗,挡住了塔楼外的人的视线。守卫可以看到任何一个牢房,但牢房里的囚犯看不到瞭望塔里的情况。根据边沁的说法,这种设计所带来的结果是,囚犯永远都不知道自己会在什么时候被守卫监视,所以他们会自我监督,总是表现得像自己正被监视着一样。监狱里的道路错综复杂,这让守卫可以不被察觉地进出瞭望塔,所以

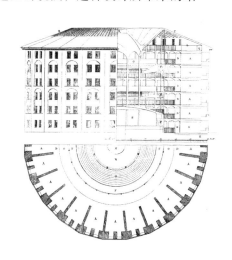

不需要一直有守卫在场——潜在的守卫的威慑效果与一直有守卫监视的效果一样强大。

> "道德的改善，健康的维持，工业的活跃，教育的普及，公众负担的减轻……都是由于这个简单的建筑概念！"
>
> ——杰里米·边沁

边沁夸耀自己的全景式监狱为"一种以心灵战胜心灵的全新监狱模式，能使人获得前所未有的精神力量"。这听起来是在自鸣得意地为压迫张目，但他的本意并非让自己的设计成为一种压迫手段。边沁赞同个人主义，提倡言论自由、妇女平权，认为人们有离婚的权利，主张废除奴隶制和死刑，支持同性恋合法化——所有这些主张在18世纪晚期还是相当激进的。他把圆形监狱称为"一个磨坊，能将流氓磨成好人"——换句话说，一个对罪犯进行改造和再教育的系统。

尽管如此，法国哲学家米歇尔·福柯（Michel Foucault）依然将全景式监狱视为规训权力的象征以及普遍存在而又具有侵入性的观察冲动。这也是现在人们对全景式监狱的普遍看法。

## 我们能"将流氓磨成好人"吗?

在全景式监狱里,囚犯可能会表现良好,但这肯定只是因为他们认为自己受到了监视并担心如若行为不端就会遭到惩罚吧。这并不是真的让他们变好了,而只是让他们服从了。边沁可能认为,囚犯可以通过一直做正确的事情来养成好的行为习惯,让好的行为成为他们的"默认设置",就像没有犯罪之前一样。当良好的行为在他们身上根深蒂固、自然而然时,他们就算改过自新了。

如果你只想打造一个公民遵纪守法的社会，也许无意识的服从就够了，但康德不同意。尽管他也支持人们因为道德律是道德律而遵守它，但他希望，人们遵守道德律是出自自身的选择，是因为他们受到了良心的指引。

不假思索的服从不是一个人有道德的标志。实际上，持续不断的监视和对我们自身行为后果的恐惧最终可能会危害社会。监视妨碍了我们成长为负责任的个体，让我们在道德上变得松懈，因为我们不必行使自己的判断，不用反思自己的行为，不能质疑我们生活中的规则。虽然边沁相信简单地将规则内在化就能造就服从的公民，但这也会产生福柯所谓的、应该为自己的被征服而负责任的个体。

> "隶属于这个可见领域并且意识到这一点的人承担起实施权力压制的责任。他使这种压制自动地施加于自己身上。他在权力关系中同时扮演着两个角色，从而把这种权力关系铭刻在自己身上，他成为征服自己的本原。"
>
> 米歇尔·福柯

> **实际上的全景式监狱**
>
> "当然,没有办法知道你在某个时刻有没有被监视……你必须生活在……这样的假设中:你发出的每个声音都会被别人听到;而且,除了在黑暗中,你的每一个举动都会被人细察。"
>
> 在乔治·奥威尔的小说《1984》中,所有人家中和全部的公共场所都装有"电幕",一直监视着人们。

## 如果你无罪,那你就没什么好隐瞒的

2013年,美国计算机专家爱德华·斯诺登(Edward Snowden)披露,美国、英国和以色列当局对普通公民的网络活动进行了大规模监控。斯诺登对这种侵扰行为的揭露程度前所未有,而且很快,更多的信息就浮出水面,包括指控美国监视了德国总理和教皇在内的许多欧洲主要政治人物。斯诺登被控从事间谍活动、窃取政府财产,现已逃离美国。

这起案件再次开启了长久以来存在的关于隐私与安全的大辩论。一方面,希望监控公众的政府当局声称,

不假思索地服从权威会带来可怕的后果。在一个健康的社会中,公民要为自己的道德选择承担责任,挑战不公。对少数群体的攻击和集中营的设立正是这一社会痼疾的症状

如果你没有什么好隐瞒的,你就不应该担心自己受到监控;另一方面,反对被监控的人说,如果他们什么都没有做错,他们就有隐私权。民众被划分为两种人:一种是因安保措施而感到心安的人;另一种是因这些措施而感到被冒犯的人。

# 为监控正名

美国哲学家埃米雷斯·韦斯特科特（Emrys Westacott）提出，监控的道德性是由以下因素决定的：

- 是否有正当理由
- 使用的手段
- 监控和侵扰的程度是否与监控所应防范的风险相称

> **你应该为孩子过滤互联网内容吗？**
>
> 很多人担心网络上的内容不适合给孩子看。一些父母使用过滤软件来防止他们的孩子无意或有意地访问带有暴力或性的内容。孩子们所浏览的内容有时会让他们感到心烦，或者对他们造成伤害。这种危险一定不利于他们发展出自我调节的行为。对许多人来说，这意味着少年儿童的网络活动将会受到监控和监管，但随着孩子长大并学会对自己负责，就应当减少这些限制与保护措施。

除了这些因素之外,被监视的公民还担心被收集信息的安全性和准确性,以及这些信息是否可能被滥用。看起来政府手中握着所有的牌,但事实并非完全如此。在一个民主国家,政府为了继续执政,必须保持民众的信任,不被信任与尊重的民众也不会给予政府这种信任与尊重。

一些人反对在机场增设安检流程,而其他人则觉得这种措施让人心安

> "你不可能在拥有 100% 安全的同时，又想拥有 100% 的隐私，还不能有一点不方便。"
>
> 第 44 任美国总统奥巴马

人们在评估监控是否正当以及是否愿意容忍监控对个人隐私的侵扰时，首先考虑的问题是：受到保护的是谁。如果我们认为监控是为了保护我们自己，我们对它的容忍程度就最高。英国和美国政府当局坚持说，提高监控水平是为了让人们的生命更安全。有时，监控是为了保护政府，或保护政府里的某个人。这种情况下人们最不可能同意对个人隐私的侵扰，因为这看上去是一种不公平的交易：人们失去了隐私，但获益甚微。

一些评论人士质疑隐私与安全不可得兼的观点，他们要求采取不侵犯隐私的安全措施。

## 只是一个数字

有人认为，更加灾难性的问题是技术在监控私人通信时起到的作用。当人们被视为数据时，他们会觉得自己受到了冒犯、被低估以及被剥夺了人类的尊严。其他领域有着许多人或计算机犯错的故事。因此，我们中的许多人都在担心错误的计算或算法可能带来的伤害。监控不仅仅是对隐私的侵蚀，也是对权利的侵蚀，甚至是对我们人格尊严感和人格价值的侵蚀。

# 第25章 该不该打破现状？

反抗有管用的时候吗？

为了过上轻松的生活，许多人愿意做任何事。而且许多人认为，与一个思想不合于主流的人打交道是很困难的。如果我们问了一个不合适的问题，他们会告诉我们："不要破坏现状""跟着大家走""6 000 万（或 1 亿或 10 亿）人不可能都是错的"。

真的不可能吗？

## 犯错简史

只有当人们找到更好的做事方式、更好的理论或模型时，人类才会前进。很久以前，我们都认为太阳绕着地球转；我们用剧毒的金属汞来治疗梅毒；人们可以蓄奴，妇女和儿童被认为是"次等"的存在；熊猫被认为是传说中的动物。古往今来，许多人曾经信仰的（以及现在仍然信仰的）神明们有着许多完全不同的体系。他们不可能都是对的。持有某种信仰的人的数量并不能保证该信仰是正确的。

## 跳跃式发展

美国历史学家、物理学家和科学哲学家托马斯·库恩（Thomas Kuhn）认为，在科学发展过程中，将会在一段相当长的时间内无人挑战主流模型，随后它将在短时间内经历剧烈变化，或称"范式转变"。大多数时候，没有人会偏离标准思维。只有当有人"跳出框框"思考时，重大进步才会出现。通常，那些拥有跳跃式想象力的人一开始都会遭到怀疑和嘲笑——这就是流行观点的力量。

1543年，天文学家哥白尼（Copernicus）发表了地球围绕太阳转的理论。70多年后，罗马天主教会认为这个想法"愚蠢而且荒谬……彻头彻尾是异端邪说"并要求天文学家伽利略（Galileo）停止讲授该理论。地心说模型在哥白尼之前就已被广泛接受，它已成为共识中的实在——由于被普遍相信而变成了真实存在。

# 宁死也不说假话

希腊哲学家苏格拉底因为质疑雅典市民的信仰和观念而变得非常不受欢迎。他会在市场上拦住人们,让他们定义美德或正义等概念。他很快就向人们表明,他们那些没有经过深思熟虑的既有观点并非真的正确。他很快就遇到了麻烦,被控腐化了雅典的青年(他的学生),令当局恼火。城邦精英们告诉他,他必须停止讲授哲学。苏格拉底拒绝了,他说他宁愿死一千次也不愿停止说真话。他因败坏青年和不敬神而受到审判并被判有罪,被迫服毒自尽。

> "要有逆流而上的勇气。"
>
> 教皇方济各(Pope Francis)

苏格拉底宁愿饮鸩自杀,也不愿人云亦云

> **春 之 祭**
>
> 《春之祭》是伊沃·斯特拉文斯基（Ivor Stravinsky）的芭蕾与管弦乐作品，为谢尔盖·迪亚基列夫（Sergei Diaghilev）的俄罗斯芭蕾舞团制作，于 1913 年在巴黎首演。这部作品的先锋性过于惊人，几乎在观众中引起了一场骚动。现在它被公认为 20 世纪最重要的音乐作品之一。

## 轻松的生活

我们都是在特定的信念中长大的。如果我们意识到它们可能是错的，我们也可能不会质疑它们。但我们大多数人倾向于认为，如果很多人在某件事上意见一致，人数本身就足以证明这些人几乎是正确的。而且更重要的是，大多数人喜欢随大流、被人喜欢，而不愿冒被嘲笑、被讨厌的风险。

苏格拉底建议，我们不应该简单地接受当前社会上未经追问

> "未经审视的人生是不值得过的。"
>
> 苏格拉底

的所有观点,而应该对每一个观点进行审视并通过调查和逻辑思考,决定我们是否真的相信它是"正确"的或正当的。他认为,盲目地坚持和捍卫一个你从未思考过的观点是在浪费"人之所以为人"而拥有的最大优势。

## 逆流而上

在孩童时期,我们每个人都害怕自己被贴上"打小报告"的标签,即向老师或家长"告发"别人,让别人陷入麻烦。谁打破了窗户?谁把教室里的仓鼠放出来了?谁在黑板上写脏话了?揭露别人的错误被认为是通敌(成年人)行为。因此,打小报告的人(或者称之为"吹哨人",这取决于你站在哪一方)可能会受到嘲笑和欺凌。

直到长大成人后,这种态度也依然存在。它甚至在犯罪分子的世界里成了一种具体规定,在那里即便是一

随波逐流会带来灾难性的后果

棵小草也可能面临着悲惨的命运。我们中有多少人曾对犯罪行为感到不满,却没有勇气去报告?

吹哨人是为了公众利益而揭发组织中的腐败、渎职或肮脏交易的人。就像在童年时代一样,吹哨人经常受到谩骂、迫害并可能因为他们出于公益的行为而面临可怕的后果。尽管有许多国家都立法保护吹哨人,但通常情况下,那些举报组织(尤其是政府组织)错误行为的人都要付出高昂的代价。

## 私利 vs 公益

功利主义原则要求我们权衡某个决定为每个可能会受到影响的人带来的成本和收益，然后选择能带来最大幸福的选项。一般来说，这意味着如果举报有助于让人们脱离危险或虐待，我们就应该举报。但私利通常会影响我们的选择。

> "要么成为同谋，要么挑战它。"
>
> 迈克尔·伍德福德（Michael Woodford），奥林巴斯前总裁兼CEO，发现并揭露了奥林巴斯高层向日本黑帮"极道"（Yakuza）行贿的事实

如果你在一艘正要沉没的船上，让你在救你的配偶或两个陌生人之间做出选择，你肯定会救你的配偶。如果你无私地决定救两个人，很多人是不能理解的，因为这是一种极端的（有人会说这是反常的）无私。

## 牺牲的代价

一些剥削性的组织和个人想要自己的不良行为不被

别人发现，靠的就是我们的私心。告发雇主的人可能会丢掉工作，或在工作时受到排挤。他们可能会失去职场上的友谊和地位。

许多吹哨人在随后的诉讼以及攻击性或报复性对待中失去了他们的房子、家庭、健康甚至生命。在某些情况下，他们的行为甚至没有达到预期的结果，因为他们所揭发的组织可以努力诋毁吹哨人，吹哨人却没有能予以反击的资源。只有当一个人非常坚强，有着难以撼动的正义感时，他才能以这种方式来打破现状。

## 对部族的忠诚

人们总会忠于他们所属的任何团体。吹哨行为会导致不同的忠诚之间的冲突，因为我们对更小、更直接的团体（例如，我们的同事和老板）的承诺，与我们对更大的共同体的忠诚有时是不一致的。当那些从吹哨行为中获利的人相距我们很遥远时（例如孟加拉国的工人），吹哨行为给身边"部族"造成的危害似乎超过了那些我们不认识、也永远不会见面的人的利益。

> **问问你自己**
>
> 你会向政府当局报告这些事吗:
>
> - 你总是能听到邻居对孩子大喊大叫。你怀疑她在打孩子,但并没有看到她在打
> - 你的一个朋友打电话给你,显然醉醺醺的。然后他说自己要开车回家。你建议他改为打车回家,他大笑了几声,然后你就听到了他发动引擎的声音
> - 你看到年轻时最好的朋友在公交站卖大麻
> - 你所在的公司在另一个国家运营时,使用的是那里被残酷剥削的工人,但最后在产品上贴着"公平贸易"的标签
>
> 如果你能匿名举报,你的回答会改变吗?

## 良心的胜利

当吹哨人决定揭露一些虐待或犯罪行为时,他们是在遵从自己的良心,而不是一套鼓励他们保持沉默的规则、指导方针或对群体的愚忠。根据进化生物学家查尔斯·达尔文(Charles Darwin)的说法,这正是我们进化

出良心的原因——以一种有助于保护整个社会的方式，帮助我们解决自身利益和社会利益之间的冲突。在个人层面上，它使我们避免做出会带来羞耻感和对社会有害的行为。

### 英雄还是叛徒？

美国计算机专家爱德华·斯诺登向媒体披露了美国对公民的监控，包括对脸书（Facebook）和谷歌数据的使用。他被指控叛国，因而逃离了美国。他说："我唯一的动机就是告诉公众那些以他们的名义做的事，以及那些对他们不利的事。"

他是个让人们反对在政府心目中所必需的安保措施的叛徒，还是个维护守法公民的个人隐私权和要求政府信息公开的英雄？

他的生活已经被毁了，有可能被判处长期监禁。他是个殉道者还是个吹哨的傻瓜？

> "存有一颗恬静的良心,你就会永享快乐。一颗恬静的良心能忍受许多,经历所有烦恼而依然快乐,而一颗邪恶之心总是处于惴惴不安之中。"

托马斯·肯皮斯(Thomas à Kempis),《效法基督》(*The Imitation of Christ*)

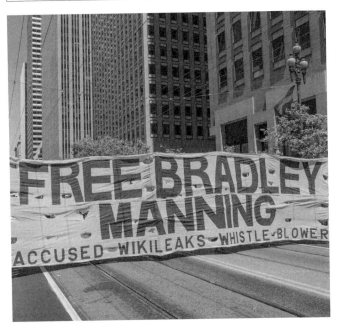

吹哨人往往成了殉道者。切尔西·曼宁(原名布莱德利·曼宁)将她在美国入伍期间看过的文件和视频公布于众,因此被判处35年监禁。她所披露的内容包括2007年一架美国直升机向伊拉克手无寸铁的平民开火的画面

一些哲学家，包括圣·托马斯·阿奎那（St Thomas Aquinas），认为良心是对实践理性的运用。还有哲学家认为良心是上帝直接赐予的。良心并不总被认为是一种理性能力，而更多地被认为是一种"直觉"——尽管这种直觉可能是在特定的道德体系中长期灌输的结果。这会导致一种感觉，即揭露虐待行为是"正确的"，即便理性认为这很可能会给吹哨人带来不良后果。当然，灌输是一柄双刃剑。当在专制政权中压迫、折磨他人的人不认为自己的行为有什么问题的时候，很明显他们已经被自己的良心抛弃了。

> "良心问题是国家元首的问题，是统治者的问题。"
>
> ——阿道夫·艾希曼（Adolf Eichmann），在耶路撒冷受审时

> "个人的良心不仅是对文明的最后保护，也是对人类尊严的唯一保证。"
>
> ——玛莎·盖尔霍恩（Martha Gellhorn）

第26章

# 给予总比接受好吗？

每样礼物都有一个给予者和一个接受者,其中一方总比另一方好吗?

给予总比接受好吗?如果是的话,我们应该给予别人多少?谁能从慈善行为中获得更多的益处,给予者还是接受者?

## 给予是因为你的意愿还是你的责任?

"天课"(zakah)是伊斯兰教5大支柱之一。这是一种将你的剩余财富(购买生活必需品、交税之后剩下的钱)的2.5%捐献给穷人的义务。它有两个目的:一是让穆斯林反思财富的本质,避免对物质事物的过分追逐;二是重新分配财富,帮助穷人。它既不是一种税收,也不是一种慈善。不缴纳天课的惩罚是严厉的:"如果任何有金银的人不付他应付的,当复活之日来临时,就会有火盆敲打在他身上。这火烧起来后在地狱中加热,灼烧着他的身体侧面、前额和背部。每当这火冷却下来,(这个过程)就会在一天内重复,其总时可长达5万年。"

此外,政府还鼓励穆斯林向"赛德盖"(sadaqah),即慈善机构捐款,但并非强制要求。没有宗教或社会给自己施加义务的人仍然可以慷慨地向慈善机构捐款,即

我们应该把钱给无家可归的人吗,或者我们应该指望国家给他们帮助吗

使没有正式的命令。他们可能会觉得自己有这样做的道德义务。非责任要求下的给予有什么不同吗?

## 价值与责任

哲学家通常认为,美德有两个不同的方面:价值和责任。价值是开放的,适用于国家或民众;责任是具体的,与行为有关。所以我们可以说甘地是一个有美德的人;帮助受伤的人是一种社会责任。当然,价值和责任常有重叠。一个富有同情心的人会更愿意履行自己的职责,帮助那些受伤的人。责任可能是个人在道德上感到有义务去履行的行为,也可以是规则强加给他的行为。

那么问题就变成了:我们应该做多少?

## 做多少够多?

如果你决定买一顶帽子,或者去度假,或者花点时间看电视,那你就不能将你的这些钱和时间奉献给慈善机构。慈善行为和慈善捐赠肯定会比你买新帽子、去度假或者看一晚上电视能带来更大的总体利益,因此慈善是"正确的"选择。但几乎我们所有人都没有、也不会为了慈善事业而放弃个人的小小满足。

有两种后果论(一件事情的对错取决于行为的后果)有助于使我们感到良心宽慰并告诉我们,我们的行为即使不完美,也能足够好。"进步主义"的后果论认为我们已经采取了能让世界变得更好的行动,比什么都不做要强,但我们不必竭尽所能来改善世界。"满足主义"的后果论认为我们已经产生了足够多的善,我们不需要把所有东西都捐给慈善机构,只需要捐一些就足矣。

假设一个人有5万美元（约32万人民币）收入，如果他想帮助穷人的话，一个显而易见的方案是把自己的5万美元全捐出去。但这并不管用，因为随后他就会变得一无所有，需要靠别人捐赠的食物、住处和衣服过活。那么，如果他只拿走必要的生活开销，把剩下的钱都捐出去呢？现在他没有得体、讲究的衣服穿了，可能就无法得到升职加薪的机会（而这将会让他能更轻松地捐出更多钱）。也许通过维持一定水平的额外花费和社交开销，他们就能与其他有钱人更好地来往并说服他们也为慈善机构捐款。一个只捐了5 000美元（约3.2万人民币）却鼓励10个朋友每人捐2 000美元（约1.3万人民币）的人，要比一个单单捐了16 000美元（约10.2万人民币）的人捐得更多。

## 你该剃头或者留胡子吗？

多年前，慈善捐赠通常是一项匿名的私人行为。它现在仍然可以如此——你可以把钱扔进募捐箱，在网上或通过短信匿名捐赠，甚至赞助一个不以你的名字命名的基金会。但现在，公开展示自身慷慨的行为越来越普

> ### 用鞋子救孩子
>
> 澳大利亚哲学家彼得·辛格提出了如下问题，强调地理距离对我们的慈善冲动造成的影响：
>
> 如果你看到池塘中有个溺水儿童，你很可能就会跳进池塘救出这个孩子，即使这个举动意味着毁掉你的一双好鞋。很少有人会认为，孩子的生命比不上鞋子的价值。因此，如果你有机会向慈善机构捐出一双好鞋的价钱，以此拯救一个远方国家里的孩子们的生命，你为何会犹豫不决？是什么让你觉得你面前的孩子比 10 000 千米以外的孩子更值得拯救？

遍。无聊而过时的赞助步行活动[①]已经被赞助留胡子、赞助剃头、赞助跳伞、赞助度假（在国外跑马拉松、在远方海滩上帮助乌龟重返大海等）取代。

当然，如果赞助方不知道你做了什么，就不会赞助你。剃光头或留胡子是一种非常公开的行为。这种公开展示的行为增加了为慈善事业募得的资金，但同时也增

---

① 一种为慈善机构筹集资金的长距离步行比赛。——译者注

加了对做出慷慨行为的人的曝光率。这非常像是在大喊"看着我!"——这种姿态会改变慈善行为的有效性吗?还是说,只要钱进账了,交给了需要的人,就没有什么分别?意图和姿态有多大关系?

## 实践美德,直到它变成自然本性

亚里士多德肯定希望,我们之所以做出善行是因为我们受到了美德的刺激,而不是为了让别人对我们的慷慨大方印象深刻,也不是为了让我们自己感觉良好。怜悯和慷慨等自然情感会在让我们想要帮助别人的同时不考虑行为对自己的影响(只要这影响不是有害到让我们也需要别人帮助的地步)。但是如果你不觉得自己有美德呢?给予仍然是好事吗?看来似乎仍然是。

你的善行的接受者将会受益,而你也会通过正确的行为方式而形成关于美德的肌肉记忆。最终,如果杰里米·边沁是正确的,美德实践就会变得根深蒂固并慢慢成为无意识选择。这有点像是学习某种运动。一开始你可能真的不喜欢实践美德,但过了一段时间,它就会变成你生活的一部分,成为一种享受。根据亚里士多德的说法,当有美德的行为成了你的默认设置时,你才算得上有美德了。

# 第27章 生存,还是毁灭?

这是一个问题吗?

"生存,还是毁灭?"这个问题出自莎士比亚戏剧里哈姆雷特的那段著名独白。这个问题不仅关乎自杀是否合理、是否可以接受,也讨论在所有可能的痛苦中继续活下去是不是一个"更高贵"的选项。这不

> "上帝所谓'汝勿杀'的戒律,应该也被视为对自我毁灭的禁止。"
>
> 圣·奥古斯丁

是一个适合在重大危机来临之际处理的问题,而应该在平静的心绪中沉思。

## 生命

在许多人看来,宗教信仰剥夺了他们选择自杀的权利。如果你的上帝禁止自残,而且你接受了这位上帝的教诲,那么这个问题就不会出现。但总还有一个问题是存在的,即什么是真正的自杀,而且这个问题对一个有信仰的人来说可能相当重要。

自杀行为的一个合理定义是,一个人在知情的情况下自愿采取的旨在杀死自己的行动。自杀行为也可能是旁人实施的,所以要求医生给自己注射致命剂量的药物

也可能是自杀。另一方面，为了救一个孩子而跑进着火的大楼，却因此而死亡，这并非自杀行为，因为救援者的死亡并非自身故意为之。即使他知道这个行为可能给自己带来死亡的后果，但因为这并非他所意图的后果，所以并不能称之为自杀。

意外服用过量药物不是自杀，但故意服用就是自杀。本想服用过量药物，但因服用的药物不够多而没有死去，这是一种自杀行为，但不是自杀。有时人们尝试自杀的行为是矛盾的，他们是真的想死吗？有时，自杀可能是因为一个人故作自杀的姿态，但悲剧的是，他没有掌握好作态的程度，最后导致了自己死亡。要使自杀出现，自杀的意图、对后果的知情和最终的结果必须一起出现。

因人的生命的神圣性而拒绝自杀的不止有宗教信徒。如果我们同意，不管生命中有多少痛苦，人的生命总是特殊的，那么这个观点也就必须扩展为禁止一切杀戮。这包括禁止死刑、射杀威胁他人的荷枪实弹的罪犯、战争中的屠杀以及放任痛苦中的人死去，很少有人会同意这种毫不妥协的立场。

## 忍受一切

古希腊哲学家普遍认为自杀不是件光彩的事情。柏拉图提议说,自杀者应该被埋在无名的坟墓里。虽然他态度严苛,但也允许一些例外,比如被疯病、酷刑折磨的人可以自杀,对自己的不道德行为感到羞耻的人可以自杀,更不用说在古罗马时代的强迫自杀之刑。

在斯多葛学派(包括塞涅卡在内的一些人)看来,忍耐是一种美德,能给人带来更好的生活。他们教导说,我们应该试着接受发生在我们身上的事情并以理性和节制来应对。而这两种品质需要通过学习忍耐、学会自我控制来实现。斯多葛学派不否认存在着极端的情绪状态，而是寻求将它们转变为平静。按照伊壁鸠鲁的说法，斯多葛主义者能"在生病时快乐，在危险中快乐，面临死亡时快乐，被流放时快乐，受辱时快乐"。

斯多葛派不拒斥自杀。在处于极端痛苦时，身患不治之症时，或者是由于环境的原因不可能过上一种有美德的生活时（例如在被暴君压迫的情况下），自杀是被允许的。换句话说，如果一个有智慧的人在运用理性后，认为自杀是最好的选择，自杀就是被允许的。斯多葛派认为有些东西对幸福至关重要，包括健康和自由，所以这些东西的缺乏也可以成为自杀的理由。塞涅卡说，有智慧的人"应该活多久就活多久，而不是能活多久就活多久"。

> "自杀不仅是一种罪，它更是罪本身。它是终极的、绝对的恶，是拒绝对存在感兴趣，是拒绝向生命宣誓忠诚。人若杀死一个旁人，他只是杀死了一个旁人；人若杀死自己，也就是杀死了所有的人。对他自己来说，他消灭了整个世界。"
> 
> G. K. 切斯特顿（Gilbert Keith Chesterton），《东正教》（*Orthodoxy*）

## 被迫自杀的问题

如果一个被俘的间谍担心自己被严刑拷打，所以服用了一颗氰化物胶囊，这算不算自杀？假设该间谍在其他情况下不会想要去死，那么他就是被迫自杀的。

胁迫必须是由人实施的吗？一个因晚期绝症的痛苦而自杀的人，如果在其他情况下不想死，那就可以说是他的境遇逼迫着他自杀的。大多数自杀的人都是为了逃避什么——也许是可怕的处境，也许是精神痛苦。如果他们可以在不选择死亡的情况下摆脱折磨，他们很可能就不选择死亡了。难道他们的自杀行为比面临酷刑的间谍或"9·11事件"中从世贸中心北塔跳下来的人更"有罪"吗？

> "当一个人所处的环境中含有大量符合自然的东西，他就当继续活着；当他拥有或看到的东西大都与自然相悖时，他就应结束生命。"
>
> 西塞罗

# 9·11:"坠楼的人"和跳楼自杀的人

2001年9月11日,在那场对纽约的恐怖袭击中,有200人从双子塔的窗户坠落或跳下。纽约市法医办公室的官方记录显示,他们的死因是"钝性损伤的他杀"(换句话说,撞击地面),而不是自杀。这些受害者未被列为"跳楼自杀"是因为"跳楼是一种选择,而这些人没有其他选择。这就是为什么他们的死亡被判定为他杀,因为是其他人的行为导致了他们的死亡"。

但这种说法并不能让所有的死者家属满意。在一些人看来,自杀是一种罪行,无论在什么情况下都会遭到神的报应。而在其他人看来,若自己的亲人确实有一些控制权,能够做出最后的选择,无论是多么可怕的选择,都多少会让他们感到些宽慰。在他们看来,结束一个人所面临的麻烦是"思想上更为高尚的"。

## 思考不堪设想的选项

几个世纪以来,基督教欧洲的主流观点是,自杀是一种不可饶恕的罪行。圣·托马斯·阿奎那对自杀有3条反对意见,其中之一非常有趣,即认为自杀是一种狂妄自大的行为——它将何时结束一个人的生命的决定权从上帝手中夺走,篡夺了神的权威。只有在宗教开始失去对西方思想的束缚之后,哲学家们才能够在不受这种冥顽不化的观点影响下思考自杀的概念。

古希腊人在思考自杀时,多是从对社会与神明的责任的角度出发,而不是将其视为一种个人困境。大卫·休谟试图从功利主义的角度解决这个至今仍困扰着人们的社会问题。他认为,如果继续活着对一个人而言已经成了痛苦的负担,那么他就不可能对社会做出重大贡献;所以如果他死了,社会的损失可能是很小的,而且这些损失会被他从自己的解脱中获得的好处抵消。

## 忍受无法忍受的事情

因在巴黎的咖啡馆里抽烟、喝咖啡而闻名的20世纪存在主义者确定了一个"荒谬"的事实，那就是人类的生命是没有意义的，我们所做的事情没有目的，最终一切都将走向虚无和死亡。之所以说这个理论"荒谬"，不是因为它本身很荒谬，而是因为它使生活和对意义的

在古希腊传说中，西西弗斯是个在冥府受到惩罚的国王，他需要把一块巨大的石头滚上山，然后它就会滚下来，如此反复，直至永远

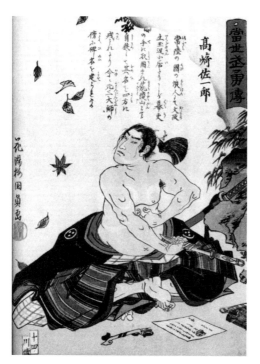

在战斗中被打败的日本武士将会感到羞耻或被判处死刑，因而通过自残的方式自杀是他们道德责任的体现。这被称为"切腹自尽"（sepukku 或 hara-kiri），即用一种特殊的刀切开自己的腹部

寻求都变成了荒谬的事。这种对人类无能为力与无足轻重的认识而产生的焦虑或"畏"，体现出了一种深刻的哲学绝望。

所以，如果一切最终不过都要化为泪水，为何不现在就结束这一切？因此，阿尔贝·加缪（Albert Camus）极力避免得出生命毫无意义的结论。他最后指出，尽管已知道如此,我们还是要活下去:"挣扎本身就足以充实一个人的心灵。"

加缪以西西弗斯为比喻——这个希腊神话中的国王受到了永恒的天谴,要反复把一块沉重的巨石推上山,然后又让它滚下来。加缪得出结论说,想要继续前进,就得"想象西西弗斯是快乐的"——也就是说,接受这种情况,从中发现解放的力量,享受它所带给我们的自由。

## 作为义务的自杀

哲学家约翰·哈德维希(John Hardwig)提出了一个有争议的主张,即人们在某些情况下有自杀的道德义务。如果他们继续活着对其他人来说是一种负担,以至于结束生命比继续活着会产生更大的利益,他们就应该选择自杀。然而,他也承认:"我很容易想象到,由于胆怯、将自己的存在合理化或者下不了决心,我将无法履行这项能保护我所爱之人的义务。"

"没有人想死。即使是想上天堂的人也不想以死亡来达到这个目的。然而,死亡是我们所有人共同的目的地。没有人能逃过它。死亡也是应该的,因为它很可能是生命中最好的发明。它是生命的变革剂,能够除旧迎新。"

史蒂夫·乔布斯(Steve Jobs)

# （没有结束的）结束语

哲学是一项永无止境的事业。一旦你开始思考生活所抛出的无数问题，就不可能停下来。即使你已经对一些问题有所回答，你也总是会发现还有更多的问题出现。但是，每个人都应该解决的一个真正重要的问题是："我要思考什么？"让我们再次回到克尔凯郭尔的名言："问题在于，要找到一个（对你来说）'正确的'真理，找到一个（你）能够为此而生、为此而死的信念。"

哲学是对真理的追求。如果我们把它看作对绝对真理的追求，我们将无法到达旅途的终点——但这并不等同于失败。如果我们把它看作对"（对你来说）'正确的'真理"的追求，那么你就有可能到达旅途的终点。甚至到那时，你可能还会意识到那就是终点。

我们应该把本书的最后一句话留给苏格拉底，毕竟他为西方哲学开了个好头。记住，"未经审视的人生是不值得过的"。